国家道路交通安全科技行动计划暨
国家科技支撑计划项目

DAOLUKEHUO
YUNSHUJIASHIYUAN
JIXUJIAOYUPEIXUNJIAOCAI

道路客货运输驾驶员继续教育培训教材（第三版）

本书编写组　编

道路旅客运输驾驶员
道路货物运输驾驶员

内容提要

本书依据交通运输部发布的《中华人民共和国道路客货运输驾驶员继续教育大纲》（交运发〔2011〕475号）编写而成，并将道路运输相关法律法规和政策的新规定、标准规范的新要求以及预见性驾驶、节能与环保驾驶、紧急情况应急处置、重特大道路交通安全事故案例分析等课题研究的新成果融入其中，使内容更具实效性和科学性。

本书不仅可作为道路客货运输驾驶员继续教育的培训教材，也可供道路客货运输驾驶员自学使用。

图书在版编目（CIP）数据

道路客货运输驾驶员继续教育培训教材 /《道路客货运输驾驶员继续教育培训教材》编写组编. —3版. —北京：人民交通出版社股份有限公司，2016.9

ISBN 978-7-114-13356-5

Ⅰ.①道… Ⅱ.①道… Ⅲ.①道路运输—客货运输—驾驶员—继续教育—教材 Ⅳ.①U471.3

中国版本图书馆CIP数据核字（2016）第232824号

书　　名：道路客货运输驾驶员继续教育培训教材（第三版）
著 作 者：本书编写组
责任编辑：钟　伟　董　倩
出版发行：人民交通出版社股份有限公司
地　　址：（100011）北京市朝阳区安定门外外馆斜街3号
网　　址：http://www.ccpress.com.cn
销售电话：（010）59757973
总 经 销：人民交通出版社股份有限公司发行部
经　　销：各地新华书店
印　　刷：中国电影出版社印刷厂
开　　本：787×1092　1/16
印　　张：9
字　　数：203千
版　　次：2011年11月　第1版　2014年3月　第2版　2016年9月　第3版
印　　次：2019年7月　第3版　第13次印刷　总第43次印刷
书　　号：ISBN 978-7-114-13356-5
定　　价：30.00元
（有印刷、装订质量问题的图书由本公司负责调换）

编 写 组

组　长： 蔡凤田

副组长： 曾　诚　殷国祥　王振军

成　员： 孟兴凯　吴初娜　夏海英

赵　侃　杨泽中　宗成强

范　立　顾燏鲁　王生昌

施溢源　顾　敏　韦　勇

江　繁　李　洁

特别鸣谢

成都市交通运输委员会道路运输管理处

眉山市道路运输管理处

苏州市运输管理处

南通市运输管理处

合肥市交通运输管理处

郑州市道路运输管理局

四川省汽车运输成都公司

四川省成都长途汽车运输（集团）公司

成都市汽车运输（集团）公司

苏州汽车客运集团有限公司

南通汽运实业集团有限公司

安徽省合肥汽车客运有限公司

郑州交通运输集团有限责任公司

郑州市大河机动车驾驶员培训学校

前言

随着我国社会经济的快速发展和人民群众出行需求的不断增长，我国道路运输业也相应地得到了快速发展，在综合运输体系中发挥着重要作用，为我国经济建设提供了重要保障。近年来，我国道路运输车辆保有量和道路客货运输驾驶员数量增长较快。截至2015年年底，营运载客汽车达83.93万辆，营运载货汽车达1389.19万辆；道路旅客运输驾驶员达243.73万人，道路货物运输驾驶员达1922.77万人。

道路运输在为人民群众提供方便、舒适、快捷的出行服务的同时，也带来了道路交通安全事故的负面影响，尤其是重特大道路交通安全事故时有发生，严重危害了人民群众的生命财产安全，影响了社会的和谐稳定。2015年，全国营运车辆肇事导致的道路交通安全事故3.83万起，共造成近1.87万人死亡、3.73万人受伤；发生一次死亡3人及以上的道路运输安全事故156起，造成761人死亡；发生一次死亡10人及以上的重特大道路运输安全事故8起，造成124人死亡。研究表明，驾驶员安全意识薄弱、违法驾驶和驾驶操作不规范是引发道路交通安全事故的主要原因。

本教材基于国家道路交通安全科技行动计划暨国家科技支撑计划项目课题四“营运车辆安全保障技术开发及大范围集成应用”（2009BAG13A04）研究，结合美国、德国、澳大利亚等发达国家道路运输驾驶员技能素质要求以及新形势下我国道路运输驾驶员的职业特点和需求，依据交通运输部发布的《中华人民共和国道路客货运输驾驶员继续教育大纲》（交运发〔2011〕475号）编写而成，共包括八章学习内容：

（1）第一章，包含对驾驶员社会责任感、职业道德意识和安全意识的培养，深化以客户需求为导向的安全、优质服务理念；包含道路运输相关法律法规和政策的新规定、标准规范的新要求；

（2）第二章，包含道路运输车辆制动系统、轮胎及主要安全装置的工作原理、故障识别与处置方法、正确使用方法等；

（3）第三章和第八章，包含对典型的不安全、不文明驾驶行为的危害和产生原因、典型重特大道路交通安全事故案例教训的学习，强化对驾驶员安全文明驾驶意识、责任意识的培养；

（4）第四章和第五章，包含对驾驶员行车危险源辨识、预见性驾驶方法及紧急情况应急处置能力的培养；

（5）第六章，包含对道路旅客运输驾驶员以乘客为中心的安全、优质服务意识和技能的培养，对道路货物运输驾驶员货物受理、装卸与固定、运输等知识的培养；

（6）第七章，包含对驾驶员节能与环保驾驶意识和技能、节能与环保技术应用等的培养。

江苏省交通运输厅运输管理局、四川省交通运输厅道路运输管理局、安徽省道路运输管理局、河南省道路运输管理局领导非常重视和关心本教材的编写工作，并从知识性、专业性和实用性等方面提出了宝贵的意见。在本教材出版过程中，人民交通出版社股份有限公司白峤、何亮、钟伟、董倩等编辑付出了艰辛的劳动。对此，我们表示衷心感谢！

由于时间仓促，水平有限，本教材的不足之处在所难免，恳请读者提出宝贵意见。

编　者

2016年7月

名词术语与计量单位的解释说明

为了贯彻国家对语言文字规范的要求，本教材中的名词术语和计量单位都使用了国家规定的规范用语。为了方便学员使用与理解，下面列出各种常见规范术语与通俗叫法、单位名称与单位符号的对应关系。

规范术语与通俗叫法对照表

规范术语	通俗叫法	规范术语	通俗叫法
蓄电池	电瓶	加速踏板	油门、油门踏板
前照灯	大灯、前大灯	制动	刹车
刮水器	雨刮器、雨刮、雨刷	制动踏板	脚刹、刹车踏板
转向盘	方向盘	驻车制动器	手刹、手制动器

单位名称与单位符号对照表

单位名称	单位符号	单位名称	单位符号
公里、千米	km	分钟	min
米	m	秒	s
厘米	cm	转/分钟	r/min
毫米	mm	千帕	kPa
吨	t	兆帕	MPa
公斤、千克	kg	摄氏度	℃
小时	h	度	°

目录

第一章 驾驶员职业道德与道路运输法律法规知识

本章介绍了道路客货运输驾驶员的职业特点、应承担的社会责任和应具备的职业道德等知识，以及《中华人民共和国安全生产法》（以下简称《安全生产法》）、《中华人民共和国刑法修正案（九）》、《机动车驾驶证申领和使用规定》、《道路运输从业人员管理规定》、《道路运输车辆技术管理规定》、《机动车维修管理规定》、《道路运输车辆动态监督管理办法》等与道路客货运输相关的法律法规知识。

第一节 道路运输驾驶员的社会责任与职业道德

通过本节的学习，驾驶员能够了解道路客货运输驾驶员的职业特点，深入理解道路客货运输驾驶员社会责任和职业道德的内涵，培养强烈的社会责任感、使命感和正确的职业道德观。

一 驾驶员的职业特点

职业是个人在社会中所从事的、有稳定收入的工作，既是谋生的手段，也是实现人生价值和社会价值的舞台。由于社会属性、工作环境、劳动强度、服务对象等不同，任何一种社会职业都各具特点。道路客货运输驾驶员的职业特点主要有：

1 驾驶员作业面广、线长，劳动强度大

随着道路网络的进一步完善，道路客货运输为城市与城市、城市与乡村、乡村与乡村之间建立起了广泛的联系，具有点多、面广、线长和流动分散作业等特点。在运输过程中，驾驶员常常需要长时间连续驾驶，并始终保持良好的状态，时刻观察道路条件、道路环境和车辆运行状况，准确识别潜在风险，迅速操控车辆进行应对，劳动强度较大。

2 交通环境复杂多变，安全风险较高

车辆行驶途中，人流、车流、道路条件和天气条件等交通环境不断发生变化，比如前方突然有行人横穿道路、突然遇到团雾等，此时驾驶员只有具有较好的心理素质和驾驶技能，才能够始终保持良好的状态，准确掌握道路环境和车辆运行状况，及时识别潜在的危险，迅速、准确地应对。

3 具有社会危害性

一些驾驶员过分追求经济效益，不遵守职业行为规范，哪怕其一时的疏忽，都可能引发交通事故。而交通事故不仅会给驾驶员自身带来不良影响，还会造成乘员伤亡和财产损失，甚至会使企业蒙受重大损失，引起环境污染，阻碍社会和谐发展。

4 工作环境较差，影响驾驶员身心健康

驾驶员在行车中常常受到车辆颠簸、机件振动和环境噪声的影响，同时因久坐、缺乏运动和饮食不规律等，会不同程度地患有颈椎病、腰椎病、胃病等生理疾病；此外，驾驶员长时间处于紧张状态，一旦受到外界因素的刺激，比如其他道路交通参与者的挑衅、乘客因不理解而无端指责等，容易出现情绪波动，甚至产生消极、抑郁心理。

5 具有服务社会的属性

驾驶员在开展道路运输任务时，除了要将旅客或货物安全、准时送达目的地外，还肩负着为旅客或托运人提供运输服务的职责。驾驶员提供运输服务时，会产生语言、感情、思想等方面的联系，其言谈举止不仅反映出个人的素质，还代表着道路运输行业的形象，是行业文明的窗口。

二 驾驶员的社会责任

每一种职业都代表着一种不同的社会分工，都有它的社会属性，也是它相应的社会责任。道路客货运输驾驶员的社会责任是指驾驶员在道路运输活动中对社会和谐发展应负的责任，包括承担高于自身目标的社会义务、法律义务和经济义务等。

1 保障人的生命和财产安全的责任

旅客购票上车后，即与运输企业签订了服务合同，也把个人的生命和财产安全托付给了驾驶员，人的生命是至高无上的，所以驾驶员要树立“珍爱生命、安全第一”、“安全就是效益”的从业理念，严格遵守法律法规，肩负起保障旅客和其他交通参与者生命和财产安全的责任，为个人和运输企业创造更好的社会声誉和经济效益，真正实现个人的社会价值。

典型

在生命的最后时刻
仍然肩负起责任

宋洋是山东交通运输集团有限公司的一名青年客车驾驶员。2013年3月9日上午，像往常一样，宋洋驾驶一辆搭载33名乘客的大型客车从聊城返回济南。客车行驶至济聊高速公路茌平段时，宋洋突发脑干出血，在短暂的100s时间内，凭借意志忍痛紧急制动，将客车停在应急车道上，并在开启危险报警闪光灯和打开车门后昏迷。随后宋洋被紧急送往医院救治，因病情严重，再也没有醒过来。

“车突然停了，我发现驾驶员口吐异物，表情痛苦，后来才知道是脑干出血，他是在昏迷的一瞬间把车停在了安全地带。”坐在客车前排的乘客肖某告诉记者，他认为宋洋能够强忍剧痛紧急停车，非常了不起。为了大力弘扬宋洋同志的崇高精神和优秀品质，宋洋同志被追授为山东省“全省道德模范”。

2 为客户提供优质服务的责任

道路运输不仅是通过道路运行来实现旅客（货物）的位移，还是向旅客（托运人）提供服务的过程。在道路运输过程中，驾驶员与旅客或托运人之间存在着服务合同关系，驾驶员岗位具有双重职责，除了安全驾驶外，还有义务根据乘客和托运人的实际需求，提供安全、优质、高效的运输服务，信守承诺，不欺不诈，保护乘客和托运人的合法权益。

3 向社会传递正能量的责任

驾驶员要不断提高个人的道德修养，充分发挥行业文明窗口的作用，向社会传递正能量，促进社会和谐进步。比如当旅客突发疾病时，应立即给予力所能及的救助；当乘客的生命财产和货物安全受到非法侵害时，应敢于与不法分子斗智斗勇，维护乘客和托运人的利益，捍卫社会正义；在出现冰冻雨雪灾害、地震灾害、节假日旅客严重滞留等异常情况时，应能积极参与救助活动。

典型

驾驶员不顾个人安危，奋力与歹徒搏斗

2014年11月1日10时20分，丽汽集团客长运分公司驾驶员章某驾驶一辆搭载14名乘客的客车从丽水出发到沈家门。14时30分左右，当客车行驶至宁波绕城高速时，车内一名男乘客开始胡言乱语，并大声叫嚷着“我要喝水”，车内其他乘客和章某一同为该男乘客提供了必要的帮助。15时40分左右，当客车行驶至舟山跨海大桥沥港出口时，该男乘客突然拿出刀去攻击车内其他乘客，最后用刀抵住了前排座位上的乘客雷某的脖子，并致使雷某脖子上出现了血痕。见此情景，车内其他乘客开始尖叫起来，纷纷往驾驶室方向跑。在乘客生命安全受到威胁的危急时刻，驾驶员章某立即安全停车，打开前后车门，大声叫喊“大家先下车”，并同时松开安全带，拨开慌乱的人群冲向歹徒并与其搏斗。在大家的帮助下，章某制服了歹徒。从停车、与歹徒搏斗到将歹徒抬下车，前后经历了惊魂的48s。

后来，车内乘客潘某说：“当时的情况很吓人，歹徒拿着刀东杀杀西杀杀，有些女乘客因害怕，下车后腿都软了，无法走路。章师傅第一个冲上去，很勇敢。”当记者问起章某当时是什么力量支撑他不顾个人安危时，章某笑笑说：“当时的情况很紧急，我也没时间多想，只是平时公司在每月两次的安全教育学习上教育我们，旅客生命财产安全要优先保障，这是我们的责任。”

4 促进节能减排、保护环境的责任

驾驶员对车辆的操控行为是影响汽车燃料消耗的关键因素，不同的驾驶操控习惯对汽车燃料消耗量的影响超过30%。面对形势日益严重的能源危机和全球气候变化，以及油价的不断攀升，驾驶员要树立节能与环保意识，学习、掌握节能驾驶知识，提高节能驾驶技能，减少汽车燃料消耗，降低汽车尾气排放。

三 驾驶员的职业道德

职业道德是指在特定的职业生活中应遵守的行为规范和准则的总和。驾驶员只有具有良好的职业道德，才可能以保证乘客安全为工作中心，诚信经营，提供优质服务，同时构建个人良好的职业信誉。道路客货运输驾驶员的职业道德主要包括：

1 爱岗敬业

爱岗敬业是驾驶员忠诚于职业的一种态度，是驾驶员职业道德的基础与核心。驾驶员只有树立职业荣誉感，热爱自己的工作岗位，热爱自己所从事的、为社会公众提供服务的事业，才能感受到工作的快乐。爱岗敬业主要体现在以下几个方面：

（1）有端正的从业态度，有强烈的责任感和事业心，脚踏实地地做好本职工作，切实履行岗位职责。

（2）讲求奉献，全身心地投入到工作中，能够把自己的理想、信念、才智毫不保留地奉献给所在岗位。

（3）不断钻研业务，使自己的知识和技能满足社会经济发展、车辆技术革新及日益复杂的道路环境的需要。

典型

爱岗敬业创辉煌：20年行车无事故

1994年年底，秦金阁从部队复员，成为南阳宛运公司的一名客车驾驶员。驾驶客车20年来，他创下了安全行车211万km无交通事故的纪录，并在2015年被交通运输部、中华全国总工会授予“爱岗敬业驾驶员楷模”荣誉称号。

秦金阁之所以能够取得如此好的工作成绩，主要得益于他“干一行，爱一行”，秉承“爱岗敬业、旅客至上”的从业理念。进入公司后，他把公司当成家，把车辆当成自己的孩子，把驾驶工作当成神圣的事业，不论烈日酷暑还是三九寒冬，他都坚持每天提前一个小时到岗，将车辆内外打扫得干干净净；始终做好出车前及途中对车辆的安全检查，下班后配合维修人员对车辆进行养护维修，消除安全隐患。自1997年驾驶郑州班线客车以来，他对全线的每一个路口、每一个弯道、每一处事故易发地段都熟记于心，刻苦钻研客运车辆在高速公路和恶劣气候条件下的驾驶技术和避险措施，总结出了在高速公路上及特殊天气中的安全行车要领，并在公司全面推广，起到了降违章、灭事故、保安全的良好效果。

2 遵章守法

与道路运输安全相关的各项法律法规，都是在总结大量安全事故经验和血的教训的基础上制定的。驾驶员在超越法律法规开展

工作时，极易引发安全事故，造成人员伤亡、货物损失，还会产生很坏的社会影响和其他负面效应。遵章守法是道路运输活动能够正常进行的基本保证，主要体现在以下几个方面：

（1）认真学习有关法律法规和政策，熟知道路交通安全和道路运输方面的法律法规、规章制度，学习安全操作规程，增强法制观念。

（2）依法取得相应的道路客货运输驾驶员从业资格证件，在从业资格证件许可的范围内从事道路运输经营活动，确保经营行为合法。

（3）牢固树立法律意识，在严格守法的同时能够正确运用法律法规来保障自身的合法权益，解决纠纷。

3 规范操作

规范操作是驾驶员严格按照法律法规、企业管理制度规定的程序或步骤从事道路运输活动。规范操作主要体现在以下几个方面：

（1）行车前做好车辆安全检查，保证车辆技术状况良好；遵守载客或载货规定，杜绝超员或超载现象；严格遵守驾驶时间的相关规定，防止疲劳驾驶。

（2）行车中，牢记谨慎驾驶的三条黄金原则：集中注意力、仔细观察和提前预防。

（3）加强自身修养，不开违章车、英雄车和斗气车；对他人的不良驾驶行为做到宽容、大度、忍让，文明行车。

4 诚实守信

诚实守信是要求驾驶员对乘客和托运人始终保持诚实、恪守信用，反对任何欺诈行为，是经济交往中最可贵的理念。驾驶员只有诚实守信才能赢得客户的信任和社会的认可，为个人和企业赢得信誉，树立良好的形象。诚实守信主要体现在以下几个方面：

（1）树立“信誉第一”的经营理念，努力提高服务品质，时刻为满足乘客和托运人的合理需求着想，按承诺开展道路运输活动。

（2）运输过程中，履行岗位职责，信守合同约定，确保将乘客和货物安全、及时和完好地送达目的地。

（3）不投机取巧、弄虚作假、欺骗客户和变相索贿，不侵害客户的正当权益，做到自重、自省和自励。

5 优质服务

优质服务是根据乘客和托运人的实际需求，最大程度地提供安全、及时和规范的运输服务，保护乘客和托运人的合法权益。优

质服务主要体现在以下几个方面：

（1）按照不同类型道路客货运输业务的特点，建立服务规范，明确服务内容和要求。比如班车客运驾驶员提前报班，准点发车；包车客运驾驶员准时到达约定地点，等候乘客上车；货运驾驶员按规定受理货物托运业务。

（2）保持良好的服务意识、热情的服务态度以及朴实的服务作风，从服务的细节入手，努力提高服务品质，为乘客和托运人的利益着想，尊客爱货，真诚待人。

（3）树立“讲文明、树新风”的思想，驾驶员要使用文明礼貌用语，礼貌待客，微笑服务。

（4）虚心向先进人物学习，把优质服务落实在行动上，出色地完成运输任务。

6 公平竞争

公平竞争是要按照统一规则从事道路运输活动，通过提升自己的服务技能和水平，采取正当手段参与竞争，不使用暴力、强制和其他不符合法律法规规定的手段限制、干扰和影响其他经营者，不利用自己的优势地位和不正当手段排挤其他经营者。公平竞争主要体现在以下几个方面：

（1）不断创新经营服务理念，充分运用移动互联网技术分析大众出行需求，改善服务方式，提高服务水平和运营效率，文明、公开和公平地参与市场竞争，确保运输市场的规范和健康发展。

小知识

互联网+道路客运服务

近年来，随着经济社会发展，居民收入不断增长，消费结构持续升级，高铁动车连线成网、航空出行平民化、私家车日益普及，广大群众的交通出行方式和需求结构正在发生巨大转变，在交通出行方面更加注重高品质、便捷化、多样化和定制化。

一些客运企业将“互联网+”作为企业转型发展的动力，以旅客出行需求为导向，尝试利用移动互联网技术创新传统客运业务，在城市和乡镇之间、县域之间、城市之间、毗邻省份之间开通定制班线客运服务，根据旅客的需求及时确定发车时间、使用的车辆及提供个性化服务，并且围绕“吃、住、行、游、购、娱”探索相关运输增值服务，开辟了客运行业发展新出路。

（2）要在合法、合理的前提下增强竞争意识，在运输活动中敢为人先，努力提高运输能力，优化服务品质，增强核心竞争力。

（3）要有正确的价值观，主动适应市场、占有市场，做到“童叟无欺、一视同仁、文明经营、优质服务”。

（4）遵照市场规律，严格执行价格规定；不唯利是图，不欺行霸市，不刁难乘客和托运人，不垄断、不封锁道路运输市场，不搞地方保护主义。

案例

违法在站外揽客、圈客

为了招揽客源，一些长途班车客运经营者使用无道路运输证的客车在客运站以外揽客、圈客（有的甚至到较远的地方拉客），然后免费将旅客运送到长途班车上。这种经营行为扰乱了正常的客运市场秩序，侵害了其他客运经营者的合法权益，且存在安全隐患。

第二节　安全生产相关法律规定

《安全生产法》是加强安全生产工作，防止和减少生产安全事故，保障人民群众生命和财产安全，促进经济社会持续、健康发展的基本法。2014年8月31日，第十二届全国人民代表大会常务委员会第十次会议通过了《关于修改〈中华人民共和国安全生产法〉的决定》，新修订的《安全生产法》自2014年12月1日起施行。本节介绍了《安全生产法》有关从业人员安全生产权利与义务的规定，通过学习，道路客货运输驾驶员能够理解法律赋予其从事道路运输活动的安全权利和应尽的安全义务。

一　驾驶员的义务

道路运输是一项专业性较强、安全风险较高的职业，驾驶员从事道路客货运输活动，应当履行以下安全生产义务：

（1）驾驶员要符合法定的条件，比如依法取得机动车驾驶证，按照驾驶证载明的准驾车型驾驶机动车；依法取得道路运输驾驶员从业资格证件，在从业资格证件许可的范围内从事道路运输活动；使用驾驶技术性能符合要求的道路运输车辆从事道路运输活动；取得道路危险货物运输许可才能从事相应的道路危险货物运输活动等。

（2）驾驶员要按规定参加安全教育和培训，通过不断的学习，掌握本职工作所需的法律法规、企业规章制度和操作规程等安全生产知识，提高安全驾驶技能，增强事故预防、应急处理能力。

（3）在作业过程中，驾驶员要严格遵守本单位的安全生产规章制度和安全操作规程，正确佩戴和使用劳动防护用品。

（4）行车中，驾驶员要按照交通标志和标线、交通信号灯的指示通行，保持安全车速，与前车保持足够的安全距离；正确使用车辆安全设施、设备，预防事故或减少事故的损害程度。

（5）驾驶员发现事故隐患、其他不安全因素，或者发生生产安全事故后，要立即向现场安全生产管理人员或者本单位负责人

报告。支持和配合事故抢救，不得阻挠和干涉对事故的依法调查处理。

小知识

驾驶员违反操作规程的处罚规定

驾驶员不服从管理，违反安全生产规章制度或者操作规程的，由生产经营单位给予批评教育，依照有关规章制度给予处分；造成重大事故，构成犯罪的，依照《中华人民共和国刑法》有关规定追究刑事责任。

二 驾驶员的权利

法律在规定驾驶员安全生产义务的同时，也赋予了驾驶员以下安全权利：

（1）驾驶员有权要求与生产经营单位订立劳动合同，建立有法律保障的劳动关系，并在劳动合同中明确有关保障驾驶员劳动安全、防止职业危害、依法为驾驶员办理工伤保险等事项。

（2）驾驶员有权了解其作业场所和工作岗位存在的危险因素、防范措施及事故应急措施，有权对本单位的安全生产工作提出建议。比如驾驶员有权及时获知运营线路的高风险路段和异常气候条件等信息、发生事故或突发事件后的应急措施、岗位健康风险等。

（3）驾驶员对本单位安全生产工作中存在的问题，比如本单位不按规定对车辆进行检测维护、未按规定对长途客运线路配备足够数量的驾驶员、强令违规载运危险物品等，有权提出批评、检举、控告，拒绝违章指挥和强令冒险作业。生产经营单位不得因驾驶员对本单位安全生产工作提出批评、检举、控告而降低其工资、福利等待遇或者解除与其订立的劳动合同。

（4）驾驶员发现直接危及人身安全的紧急情况时，有权停止作业或者在采取可能的应急措施后撤离作业场所。生产经营单位不得因驾驶员上述避险行为而降低其工资、福利等待遇或者解除与其订立的劳动合同。

（5）驾驶员因生产安全事故受到伤害后，除依法享有工伤保险外，依照有关民事法律尚有获得赔偿权利的，驾驶员或其亲属有权向本单位提出赔偿要求。

小知识

维护驾驶员权利的相关规定

《安全生产法》第一百零三条规定：生产经营单位与从业人员订立协议，免除或者减轻其对从业人员因生产安全事故伤亡依法应承担的责任的，该协议无效；对生产经营单位的主要负责人、个人经营的投资人处2万元以上10万元以下的罚款。

《安全生产法》第一百一十一条规定：生产经营单位发生生产安全事故造成人员伤亡、他人财产损失的，应当依法承担赔偿责任；拒不承担或者其负责人逃匿的，由人民法院依法强制执行。生产安全事故的责任人未依法承担赔偿责任，经人民法院依法采取执行措施后，仍不能对受害人给予足额赔偿的，应当继续履行赔偿义务；受害人发现责任人有其他财产的，可以随时请求人民法院执行。

第三节 机动车驾驶证使用与违法行为刑事处罚规定

2016年1月29日，公安部部长办公会议通过了《公安部关于修改<机动车驾驶证申领和使用规定>的决定》（公安部令第139号），修改后重新发布的《机动车驾驶证申领和使用规定》自2016年4月1日起施行；2015年8月29日，第十二届全国人民代表大会常务委员会第十六次会议通过了《中华人民共和国刑法修正案（九）》，该修正案于2015年11月1日起施行。本节介绍了《机动车驾驶证申领和使用规定》和《中华人民共和国刑法修正案（九）》的相关规定，通过学习，道路客货运输驾驶员能够理解机动车驾驶证使用、重大交通违法行为记分、驾驶员再教育及有关行车安全、驾驶证使用的刑事处罚规定。

一 机动车驾驶证使用规定

1 饮酒、醉酒人员驾驶证使用规定

存在以下饮酒和醉酒驾驶情形的人员，不得申请机动车驾驶证：

（1）饮酒后或者醉酒驾驶机动车发生重大交通事故构成犯罪的；

（2）醉酒驾驶机动车或者饮酒后驾驶营运机动车依法被吊销机动车驾驶证未满5年的；

（3）醉酒驾驶营运机动车依法被吊销机动车驾驶证未满10年的。

小知识

饮酒、醉酒驾驶的相关处罚规定

《中华人民共和国道路交通安全法》（以下简称《道路交通安全法》）第九十一条规定：饮酒后驾驶营运机动车的，处15日拘留，并处5000元罚款，吊销机动车驾驶证，5年内不得重新取得机动车驾驶证。醉酒驾驶营运机动车的，由公安机关交通管理部门约束至酒醒，吊销机动车驾驶证，依法追究刑事责任；10年内不得重新取得机动车驾驶证，重新取得机动车驾驶证后，不得驾驶营运机动车。饮酒后或者醉酒驾驶机动车发生重大交通事故，构成犯罪的，依法追究刑事责任，并由公安机关交通管理部门吊销机动车驾驶证，终生不得重新取得机动车驾驶证。

2 吸毒人员驾驶证使用规定

3年内有吸食、注射毒品行为或者解除强制隔离戒毒措施未满3年，或者长期服用依赖性精神药品成瘾尚未戒除的人员，不得申请机动车驾驶证。

对于被查获有吸食、注射毒品后驾驶机动车行为，正在执行社区戒毒、强制隔离戒毒、社区康复措施，或者长期服用依赖性精神药品成瘾尚未戒除的驾驶员，车辆管理所将注销驾驶员的机动车驾驶证。

小知识

吸毒的相关处罚规定

《中华人民共和国治安管理处罚法》第七十二条规定：吸食或注射毒品的处10日以上15日以下拘留，可以并处2000元以下罚款；情节较轻的，处5日以下拘留或者500元以下罚款。

《中华人民共和国刑法》第三百四十八条规定：非法持有鸦片1kg以上、海洛因或者甲基苯丙胺50g以上或者其他毒品数量大的，处7年以上有期徒刑或者无期徒刑，并处罚金；非法持有鸦片200g以上不满1kg、海洛因或者甲基苯丙胺10g以上不满50g或者其他毒品数量较大的，处3年以下有期徒刑、拘役或者管制，并处罚金；情节严重的，处3年以上7年以下有期徒刑，并处罚金。

3 重大交通违法行为记分规定

对于下列严重危害道路交通安全的违法驾驶行为，一次记12分：

（1）驾驶与准驾车型不符的机动车的；

（2）饮酒后驾驶机动车的；

（3）驾驶营运客车（不包括公共汽车）、校车载人超过核定人数20％以上的；

（4）造成交通事故后逃逸，尚不构成犯罪的；

（5）上道路行驶的机动车未悬挂机动车号牌的，或者故意遮挡、污损、不按规定安装机动车号牌的；

（6）使用伪造、变造的机动车号牌、行驶证、驾驶证、校车标牌或者使用其他机动车号牌、行驶证的；

（7）驾驶机动车在高速公路上倒车、逆行、穿越中央分隔带掉头的；

（8）驾驶营运客车在高速公路车道内停车的；

（9）驾驶中型以上载客载货汽车在高速公路、城市快速路上行驶超过规定时速20%以上或者在高速公路、城市快速路以外的道路上行驶超过规定时速50%以上，以及驾驶其他机动车行驶超过规定时速50%以上的；

（10）连续驾驶中型以上载客汽车超过4h未停车休息或者停车休息时间少于20min的。

4 驾驶证降级换证规定

持有大型客车、牵引车、城市公交车、中型客车、大型货车驾驶证的驾驶员有下列情形之一的，车辆管理所将注销驾驶员的最高准驾车型驾驶资格：

（1）发生交通事故造成人员死亡，承担同等以上责任，未构成犯罪的；

（2）在一个记分周期内有记满12分记录的；

（3）连续三个记分周期不参加审验的。

接到车辆管理所关于办理降级换证业务的通知后，驾驶员应当在30日内办理降级换证业务。在规定时间内未办理降级换证业务的，车辆管理所公告注销的准驾车型驾驶资

格作废。驾驶员办理降级换证业务后，申请增加被注销的准驾车型的，应当在本记分周期和申请前最近一个记分周期没有记满12分记录，且没有发生造成人员死亡承担同等以上责任的交通事故。

5 驾驶员再教育规定

持有大型客车、牵引车、城市公交车、中型客车、大型货车驾驶证一个记分周期内有记分且未达到12分的，以及持有其他准驾车型驾驶证发生交通事故造成人员死亡承担同等以上责任未被吊销驾驶证的驾驶员，驾驶证审验时应当参加不少于3h的道路交通安全法律法规、交通安全文明驾驶常识、应急处置知识、防御性驾驶知识、驾驶心理健康知识等学习，并接受交通事故案例警示教育。

驾驶员在一个记分周期内累积记分达到12分的，公安机关交通管理部门将扣留其驾驶证。驾驶员应当在15日内到机动车驾驶证核发地或者违法行为地公安机关交通管理部门参加为期7日的道路交通安全法律法规和相关知识学习。驾驶员参加学习后，在20日内接受车辆管理所安排的道路交通安全法律法规和相关知识考试。考试合格的，记分予以清除，发还机动车驾驶证；考试不合格的，继续参加学习和考试。拒不参加学习，也不接受考试的，由公安机关交通管理部门公告其机动车驾驶证停止使用。

在一个记分周期内有两次以上达到12分或者累积记分达到24分以上的，驾驶员在参加道路交通安全法律法规和相关知识考试合格后10日内，还需要按照本人机动车驾驶证载明的最高准驾车型，参加由车辆管理所组织的道路驾驶技能考试。

二 违法行为刑事处罚规定

1 交通肇事罪或危险驾驶罪

驾驶员违反交通运输管理法规，发生重大事故致人重伤、死亡或者使公私财产遭受重大损失的，处3年以下有期徒刑或者拘役；交通运输肇事后逃逸或者有其他特别恶劣情节的，处3年以上7年以下有期徒刑；因逃逸致人死亡的，处7年以上有期徒刑。

在道路上驾驶机动车，有下列情形之一的，处拘役，并处罚金，同时构成其他犯罪的，依照处罚较重的规定定罪处罚：

（1）追逐竞驶，情节恶劣的；

（2）醉酒驾驶机动车的；

（3）从事校车业务或者旅客运输，严重超过额定乘员载客，或者严重超过规定时速行驶的；

（4）违反危险化学品安全管理规定运输危险化学品，危及公共安全的。

2 危险物品肇事罪

违反爆炸性、易燃性、放射性、毒害性、腐蚀性物品的管理规定，在生产、储存、运输、使用中发生重大事故，造成严重后果的，处3年以下有期徒刑或者拘役；后果特别严重的，处3年以上7年以下有期徒刑。

3 重大责任事故罪

在生产、作业中违反有关安全管理的规定，因而发生重大伤亡事故或者造成其他严重后果的，处3年以下有期徒刑或者拘役；情节特别恶劣的，处3年以上7年以下有期徒刑。

4 伪造、变造、买卖证件罪

伪造、变造、买卖驾驶证的，处3年以下有期徒刑、拘役、管制或者剥夺政治权利，并处罚金；情节严重的，处3年以上7年以下有期徒刑，并处罚金。

在依照国家规定应当提供身份证明的活动中，使用伪造、变造的或者盗用他人的驾驶证，情节严重的，处拘役或者管制，并处或者单处罚金。同时构成其他犯罪的，依照处罚较重的规定定罪处罚。

第四节 道路运输驾驶员从业资格管理有关规定

2016年4月14日，交通运输部第8次部务会议通过了《交通运输部关于修改<道路运输从业人员管理规定>的决定》（交通运输部令2016年第52号），修改后重新发布的《道路运输从业人员管理规定》自2016年4月21日起施行。本节介绍了《道路运输从业人员管理规定》和《道路运输驾驶员诚信考核办法（试行）》的相关规定，通过学习，道路客货运输驾驶员能够理解其从业资格证件使用、诚信考核和档案转籍的相关规定。

一 从业资格证件使用

1 从业资格证换证、补证、变更和备案

驾驶员从业资格证件的有效期为6年，从业资格证件需要换证、补证和变更时，驾驶员应按照以下要求办理相关手续：

（1）换证。在从业资格证件有效期届满30日前，驾驶员按规定完成继续教育并经道路运输管理机构确认，再到原发证机关办理换证手续。

（2）补证。驾驶员从业资格证件遗失、毁损的，及时到原发证机关办理证件补发手续。

（3）变更。驾驶员服务单位变更的，到道路运输管理机构办理从业资格证件变更手续。

驾驶员向有关单位申请办理从业资格证换证、补证和变更手续时，应填写《道路运输从业人员从业资格证件换发、补发、变更登记表》，并按规定提交材料。

小知识

驾驶员取得多种从业资格证件的相关规定

驾驶员取得多种道路运输从业资格，且由同一发证机关考试和发证的，其从业资格类别可打印在同一本从业资格证上。证书设有二维码，通过手机“扫一扫”功能，就能查询驾驶员的所有从业资格类别。

2 从业资格证注销、撤销和吊销

驾驶员的从业资格证被注销、撤销和吊销所对应的情形见下表。

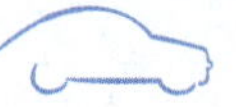

从业资格证被注销、撤销和吊销对应的情形

处罚类型	实施处罚对应的情形
注销从业资格证件	（1）持证人死亡； （2）持证人申请注销； （3）年龄超过60周岁； （4）机动车驾驶证被注销或者被吊销； （5）超过从业资格证件有效期180日未申请换证
撤销从业资格证件	（1）连续三个考核周期诚信考核等级均为B级； （2）在一个考核周期内累计计分有3次以上达到20分
吊销从业资格证件	（1）身体健康状况不符合有关机动车驾驶和相关从业要求且没有主动申请注销从业资格； （2）发生重大以上交通事故，且负主要责任； （3）发现重大事故隐患，不立即采取消除措施，继续作业

被注销、撤销或吊销的从业资格证件，由发证机关予以收回，公告作废并登记归档；无法收回的，从业资格证件自行作废。

小知识

驾驶员恢复原从业资格的相关规定

道路运输驾驶员从业资格证因超过有效期180日而被注销的，在原证件超过有效期2年内（含2年），可在完成24学时的继续教育后，申请参加相应类别从业资格考试大纲规定的理论科目考试。考试合格的，可以恢复原有从业资格。

二 驾驶员诚信考核

驾驶员诚信考核内容包括安全生产、遵守法规和服务质量等，诚信考核等级分为优良、合格、基本合格和不合格，分别用AAA级、AA级、A级和B级表示。

驾驶员诚信考核采用计分制方式，满分为20分，考核周期为12个月，从驾驶员初次领取从业资格证件之日起计算。驾驶员在诚信考核周期内累计计分未达到20分的，经签注诚信考核等级后，计分自动清除；累计计分达到20分的，在计满20分之日起15日内，应到档案所在地有培训资格的机构，接受不少于18学时的道路运输法规、职业道德和安全知识的继续教育，经考核合格后，由道路运输管理机构消除计分。

驾驶员的诚信考核等级为B级的，将面临以下惩罚：

（1）不得承担具有重大政治和国防战备意义、社会影响大、安全风险高的运输生产任务；

（2）不得承担黄金周和春运期间的道路旅客运输任务；

（3）存在重大安全隐患的，将被调离驾驶员工作岗位。

驾驶员有下列情形之一的，将被道路运输管理机构列入黑名单，无资格继续从事相应的道路运输活动：

（1）在考核周期内累计计分达到20分，且未按照规定参加继续教育培训；

（2）无正当理由超过规定时间，未签注诚信考核等级；

（3）从业资格证件被吊销。

小知识

驾驶员诚信考核和继续教育的相关规定

取得道路运输驾驶员从业资格后，驾驶员在上岗从业期间，须参加诚信考核和接受继续教育。未在岗从业的道路运输驾驶员，因从业资格证有效期届满申请换证的，应补充完成一个继续教育周期24学时的继续教育。

取得两种及以上从业资格的道路运输驾驶员，按照其在岗的从业类别参加诚信考核和继续教育。道路运输驾驶员变更从业类别或服务单位时，当前诚信考核周期内已形成的计分记录以及当前继续教育周期内已完成的继续教育学时予以认可。

三 驾驶员档案转籍相关要求

发证地道路运输管理机构建立了驾驶员从业资格管理档案，驾驶员因户籍所在地、暂住（居住）地变更或者服务地管理部门要求，且自初次取得从业资格证件满一年的，可申请办理从业资格管理档案转籍手续。

驾驶员办理从业资格管理档案转籍手续时，应注意以下事项：

（1）同时具备两种及以上从业资格的，在申请转籍时一并转出；

（2）违反相关从业资格管理规定且尚未接受处罚的，在接受处罚后才能办理相应的转籍手续；

（3）被道路运输管理机构列入黑名单的，不予办理转籍手续。

第五节 道路运输车辆技术管理规定

2016年1月14日，交通运输部第1次部务会议通过了《道路运输车辆技术管理规定》（交通运输部令2016年第1号），该规定自2016年3月1日起施行。根据《道路运输车辆技术管理规定》，道路运输车辆技术管理是指对道路运输车辆在保证符合规定的技术条件和按要求进行维护、修理、综合性能检测方面所做的技术性管理；道路运输车辆包括道路旅客运输车辆、道路普通货物运输车辆和道路危险货物运输车辆。本节介绍了《道路运输车辆技术管理规定》的相关规定，通过学习，道路客货运输驾驶员能够理解道路运输车辆基本技术条件、车辆技术档案管理、车辆维护与修理、车辆检测与等级评定、车辆审验等相关规定。

一 车辆基本技术条件

从事道路旅客运输和普通货物运输经营的车辆应当符合下列技术要求：

（1）车辆的技术性能符合《道路运

输车辆综合性能要求和检验方法》（GB 18565）的要求；

（2）车辆的外廓尺寸、轴荷和最大允许总质量符合《汽车、挂车及汽车列车外廓尺寸、轴荷及质量限值》（GB 1589）的要求；

（3）车型的燃料消耗量限值符合《营运客车燃料消耗量限值及测量方法》（JT 711）、《营运货车燃料消耗量限值及测量方法》（JT 719）的要求；

（4）车辆技术等级达到二级以上；国际道路运输车辆、从事高速公路客运以及营运线路长度在800km以上的客车，技术等级达到一级；

（5）从事高速公路客运、包车客运、国际道路旅客运输，以及营运线路长度在800km以上客车的类型等级达到中级以上。

小知识

机动车强制报废的相关规定

根据《机动车强制报废标准规定》（商务部令2012年第12号）的规定，已注册机动车有下列情形之一的应当强制报废，其所有人应当将机动车交售给报废机动车回收拆解企业，由报废机动车回收拆解企业按规定进行登记、拆解、销毁等处理，并将报废的机动车登记证书、号牌、行驶证交公安机关交通管理部门注销：

（1）达到规定使用年限的，比如大型和中型营运载客汽车，轻型、中型和重型载货汽车使用15年，危险品运输载货汽车使用10年，全挂车、危险品运输半挂车使用10年，集装箱半挂车使用20年，其他半挂车使用15年；

（2）经修理和调整仍不符合机动车安全技术国家标准对在用车有关要求的；

（3）经修理和调整或者采用控制技术后，向大气排放污染物或者噪声仍不符合国家标准对在用车有关要求的；

（4）在检验有效期届满后连续3个机动车安全技术检验周期内未取得机动车检验合格标志的。

国家对达到一定行驶里程的机动车引导报废，达到下列行驶里程的机动车，其所有人可以将机动车交售给报废机动车回收拆解企业进行处理：

（1）中型营运载客汽车行驶50万km，大型营运载客汽车行驶80万km；

（2）轻型、中型载货汽车行驶60万km，重型载货汽车行驶70万km；

（3）危险品运输载货汽车行驶40万km。

二 车辆技术档案管理

道路运输经营者应当按照“一车一档”为道路运输车辆建立车辆技术档案。车辆技术档案主要包括以下内容：车辆基本信息、车辆技术等级评定、客车类型等级评定或者年度类型等级评定复核、车辆维护和修理（含《机动车维修竣工出厂合格证》）、车辆主要零部件更换、车辆变更、行驶里程、对车辆造成损伤的交通事故等记录。

三 车辆维护与修理

道路运输经营者应当建立车辆维护制度。车辆维护分为日常维护、一级维护和二级维护。日常维护由驾驶员实施，一级维护和二级维护由道路运输经营者组织实施，并

做好记录。

道路运输经营者应当依据国家有关标准和车辆维修手册、使用说明书等，结合车辆类别、车辆运行状况、行驶里程、道路条件、使用年限等因素，自行确定车辆维护周期，确保车辆正常维护。车辆维护作业项目应当按照国家关于汽车维护的技术规范要求确定。

道路运输经营者根据《汽车维修业开业条件》（GB/T 16739）的要求，自行确定是否具备二级维护作业能力。具备能力的道路运输经营者可以对自有车辆按照《汽车维护、检测、诊断技术规范》（GB/T 18344）进行二级维护作业和竣工出厂检验，做好车辆维护记录，对车辆维护作业质量承担责任。

道路运输经营者不具备二级维护作业能力的，可以委托二类以上机动车维修经营者进行二级维护作业；机动车维修经营者完成二级维护作业和竣工出厂检验合格后，应向委托方出具二级维护出厂合格证。

小知识

驾驶员在车辆二级维护作业中的要求

在进行车辆二级维护作业的过程中，驾驶员应做好以下工作：

（1）驾驶员将车辆送到维修企业后，应向维修作业人员如实反映车辆的使用技术状况信息（包括汽车动力性、异响、转向性能、制动性能及燃、润料消耗等），帮助维修作业人员进行维修作业前的诊断、检测，确定附加作业项目。

（2）车辆二级维护作业结束后，驾驶员将车辆驾驶出厂前应取得维修企业签发的《机动车维修竣工出厂合格证》和《机动车维修记录》。

四 车辆检测与等级评定

道路运输经营者应当自道路运输车辆首次取得《道路运输证》当月起，按照下列周期和频次，委托汽车综合性能检测机构进行综合性能检测和技术等级评定：

（1）客车、危货运输车自首次经国家机动车辆注册登记主管部门登记注册不满60个月的，每12个月进行1次检测和评定；超过60个月的，每6个月进行1次检测和评定；

（2）其他运输车辆自首次经国家机动车辆注册登记主管部门登记注册的，每12个月进行1次检测和评定。

客车、危货运输车应当委托车籍所在地汽车综合性能检测机构进行检测和等级评定，货车可以委托运输驻在地汽车综合性能检测机构进行检测和等级评定。

下列三种情况下，客车应进行客车类型等级评定或者年度类型等级评定复核：

（1）拟进入道路运输市场的首次核定；

（2）在用车辆年审前的复核；

（3）在用车辆转籍后的重新核定。

五 车辆审验

道路运输经营者应按规定向县级以上道路运输管理机构申请对道路运输车辆进行审验，每年审验一次。未经年度审验或者年度审验不合格的车辆，不允许从事道路运输经营。对于已取得《道路运输证》，2年（含2年）以上未按照规定对车辆进行年审的，《道路运输证》将会被注销。

六 法律责任

道路运输经营者有下列行为之一的，县

级以上道路运输管理机构应当责令改正，给予警告；情节严重的，处以1000元以上5000元以下罚款：

（1）使用报废、擅自改装、拼装、检测不合格以及其他不符合国家规定的车辆从事道路运输经营活动的；

（2）未做好车辆维护记录的；

（3）未按照规定的周期和频次进行车辆综合性能检测和技术等级评定的；

（4）未建立道路运输车辆技术档案或者档案不符合规定的。

第六节 机动车维修管理规定

2016年4月14日，交通运输部第8次部务会议通过了《交通运输部关于修改<机动车维修管理规定>的决定》（交通运输部令2016年第37号），修改后重新发布的《机动车维修管理规定》自2016年4月19日起施行。本节介绍了《机动车维修管理规定》的相关规定，通过学习，道路客货运输驾驶员能够理解机动车维修改装、维修收费与结算、维修配件质量管理、维修质量检验、维修质量保障等相关规定。

一 机动车维修改装

托修方要改变机动车车身颜色，更换发动机、车身和车架的，应当按照有关法律法规的规定办理相关手续，机动车维修经营者在查看相关手续后方可承修。

车辆合法改装的相关规定

道路运输经营者为已获得道路运输证的车辆进行改装，应遵守以下规定：

（1）事先获得有关部门的批准，交由合法改装企业进行车辆改装作业；

（2）改装完毕后到有关部门办理车辆行驶证变更手续；

（3）重新进行车辆综合性能检测，检测合格后到交通运输主管部门和道路运输管理机构办理道路运输证变更手续。

二 机动车维修收费与结算

机动车维修经营者应当公布机动车维修工时定额和收费标准，合理收取费用。

机动车维修经营者应当使用规定的结算票据，并向托修方交付维修结算清单；维修结算清单中，工时费与材料费应当分项计算；机动车维修经营者不出具规定的结算票据和结算清单的，托修方有权拒绝支付费用。

三 机动车维修配件质量管理

机动车维修经营者不得使用假冒伪劣配件维修机动车；托修方、维修经营者可以使用同质配件维修机动车。同质配件是指产品质量等同或者高于装车零部件标准要求，且具有良好装车性能的配件。

机动车维修经营者应当将原厂配件、同质配件和修复配件分别标识，明码标价，供

用户选择。机动车维修经营者对于换下的配件、总成，应当交托修方自行处理。

小知识

使用伪劣配件的处罚规定

机动车维修经营者使用假冒伪劣配件维修机动车，承修已报废的机动车或者擅自改装机动车的，由县级以上道路运输管理机构责令改正，并没收假冒伪劣配件及报废车辆；有违法所得的，没收违法所得，处违法所得2倍以上10倍以下的罚款；没有违法所得或者违法所得不足1万元的，处2万元以上5万元以下的罚款，没收假冒伪劣配件及报废车辆；情节严重的，由原许可机关吊销其经营许可；构成犯罪的，依法追究刑事责任。

四 机动车维修质量检验

机动车维修经营者对机动车进行二级维护、总成修理、整车修理的，应当实行维修前诊断检验、维修过程检验和竣工质量检验制度。

机动车维修竣工质量检验合格的，维修质量检验人员应当签发《机动车维修竣工出厂合格证》；未签发机动车维修竣工出厂合格证的机动车，不得交付使用，车主可以拒绝交费或接车。

五 机动车维修质量保障

机动车维修实行竣工出厂质量保证期制度。机动车维修经营者应当公示承诺的机动车维修质量保证期，所承诺的质量保证期不得低于以下要求：

（1）汽车和危险货物运输车辆整车修理或总成修理质量保证期为车辆行驶20000km或者100日；

（2）二级维护质量保证期为车辆行驶5000km或者30日；

（3）一级维护、小修及专项修理质量保证期为车辆行驶2000km或者10日。

质量保证期中行驶里程和日期指标以先达到者为准；机动车维修质量保证期从维修竣工出厂之日起计算。

在质量保证期和承诺的质量保证期内，因维修质量原因造成机动车无法正常使用，且承修方在3日内不能或者无法提供因非维修原因而造成机动车无法使用的相关证据的，机动车维修经营者应当及时无偿返修，不得故意拖延或者无理拒绝。

在质量保证期内，机动车因同一故障或维修项目经两次修理仍不能正常使用的，机动车维修经营者应当负责联系其他机动车维修经营者，并承担相应修理费用。

第七节 道路运输动态监控管理规定

2013年12月16日，交通运输部第13次部务会议通过了《道路运输车辆动态监督管理办法》（交通运输部　公安部　国家安全生产监督管理总局令2014年第5号），该办法自

2014年7月1日起施行。本节介绍了《道路运输车辆动态监督管理办法》的相关规定，通过学习，道路客货运输驾驶员能够了解卫星定位装置安装要求、道路运输车辆动态监控要求、卫星定位装置正确使用及违规使用的处罚措施等相关规定。

一 道路运输车辆安装卫星定位装置的要求

用于公路营运的载客汽车、危险货物运输车辆、半挂牵引车以及重型载货汽车（总质量为12t及以上的普通货运车辆），必须安装和使用具有行驶记录功能的卫星定位装置，并接入符合要求的监控平台。新购置的旅游客车、包车客车、三类以上班线客车、危险货物运输车辆、半挂牵引车以及重型载货汽车，在出厂前应安装符合标准的卫星定位装置。

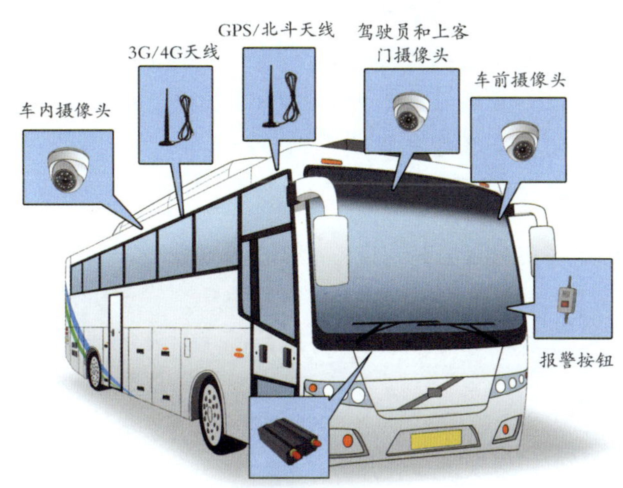

车载卫星定位终端装置

道路运输经营者在新增车辆或更换现有车辆的卫星定位装置时，应了解该车辆所安装卫星定位装置的基本信息，确认该装置是否列入交通运输部发布的标准符合性技术审查公告。

在办理营运手续时，道路运输车辆安装卫星定位装置及接入系统平台的情况属于审核内容。未按照要求安装卫星定位装置，或者已安装卫星定位装置但未能在联网联控系统（重型载货汽车和半挂牵引车未能在道路货运车辆公共平台）正常显示的车辆，不予发放或者审验《道路运输证》。

二 对道路运输车辆实施动态监控的要求

道路运输企业应当根据法律法规的相关规定以及车辆行驶道路的实际情况，按照规定设置监控超速行驶和疲劳驾驶的限值，以及核定运营线路、区域及夜间行驶时间等，在所属车辆运行期间对车辆和驾驶员进行实时监控和管理。对存在交通违法行为的驾驶员，道路运输企业在事后应当及时给予处理。

小知识

道路运输车辆卫星定位系统的基本功用

卫星定位系统包括车载终端和监控平台两个部分。

车载终端可以为驾驶员提供实时的时间、经纬度、速度和方向等定位状态信息，可以记录事故疑点、行驶状态、车辆行驶里程等信息，并具有以下安全驾驶

辅助功能：

（1）当车辆驶入禁入区域、驶出禁出区域或者驶离设定的路线时，系统自动报警；

（2）当车辆出现超速行驶、疲劳驾驶、超时停车、蓄电池欠压等情形时，系统自动报警；

（3）当遇到抢劫、交通事故、车辆故障等紧急情况时，驾驶员可以通过触动应急报警按钮向监控中心报警。

监控平台包括政府监管平台和企业监控平台，其中企业监控平台主要实现对接入平台车辆的安全运营状况的实时监控，具备报警及警情处理、车辆监控管理、历史轨迹回放、定时定位车辆查询、车辆视频监控等基本功能以及偏离路线报警、线路关键点监控、区域报警、分路段限速监控、疲劳驾驶报警、驾驶员身份识别、营运线路查询、乘客超员监控等业务功能。

设置超速行驶和疲劳驾驶的限值时，应当符合以下要求：

（1）客运驾驶员24h累计驾驶时间原则上不超过8h；

（2）客运驾驶员日间连续驾驶不超过4h，夜间连续驾驶不超过2h，每次停车休息时间不少于20min；

（3）客运车辆夜间行驶速度不得超过日间限速的80%。

监控人员实时分析、处理车辆行驶动态信息，及时提醒驾驶员纠正超速行驶、疲劳驾驶等违法行为；对经提醒仍然继续违法驾驶的驾驶员，及时向企业安全管理机构报告，由安全管理机构采取措施制止；对拒不执行制止措施仍然继续违法驾驶的，道路运输企业及时报告公安机关交通管理部门，并在事后解聘驾驶员。

三 卫星定位装置使用规定

新出厂车辆安装的卫星定位装置，任何单位和个人不得随意拆卸。任何单位和个人不得破坏卫星定位装置以及恶意人为干扰、屏蔽卫星定位装置信号，不得篡改卫星定位装置数据。

小知识

卫星定位装置的使用方法

出车前、行驶中和收车后，驾驶员应检查车辆卫星定位装置的工作状况，保证设备各部件运行正常；发现故障或者工作状况不正常时，及时报修。

车辆运行中，驾驶员应注意收听车辆卫星定位装置的提示信息，及时纠正违法驾驶行为。

道路运输经营者应当确保卫星定位装置正常使用，保持车辆运行实时在线。卫星定位装置出现故障不能保持实时在线的道路运输车辆，道路运输经营者不得安排其从事道路运输经营活动。

四 违规使用卫星定位装置的处罚规定

道路运输经营者使用卫星定位装置出现故障不能保持在线的运输车辆从事经营活动的，由县级以上道路运输管理机构责令改正。拒不改正的，处800元罚款。

破坏卫星定位装置以及恶意人为干扰、屏蔽卫星定位装置信号的，或者伪造、篡改、删除车辆动态监控数据的，由县级以上道路运输管理机构责令改正，处2000元以上5000元以下罚款。发生两次及以上上述行为的，取消相应营运资质和从业资格。

发生道路交通事故且具有上述违规情形的，依法追究相关人员的责任；构成犯罪的，依法追究刑事责任。

第二章 道路运输车辆使用常识

本章介绍了汽车制动系统和汽车列车制动系统的工作原理、常见故障及处理方法，以及车辆轮胎、主要安全装置的使用常识。

第一节 汽车制动系统及其使用常识

本节介绍了汽车制动系统的类型、气压制动系统的工作原理、常见故障及处理方法。制动系统是车辆的重要组成部分，是保证行车安全的重要装置，驾驶员掌握汽车制动系统的作用和使用方法，有利于保障行车安全。

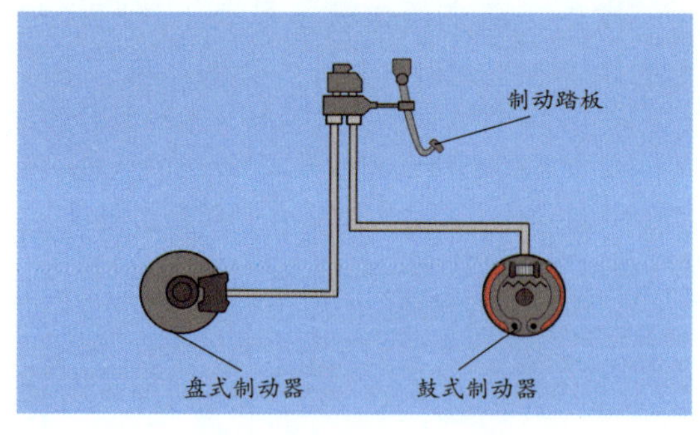

一 汽车制动系统的类型

根据国家标准《机动车运行安全技术条件》（GB 7258）的要求，机动车应设置足以使其减速、停车和驻车的制动系统或装置。

1 行车制动

行车制动的主要功用是保证驾驶员在行车过程中能控制车辆安全、有效地减速和停车。汽车均装配有行车制动系统，通过驾驶员操作制动踏板产生制动作用。

除三轮汽车、总质量不大于750kg的挂车外，汽车的所有车轮上都装配有制动器，具有行车制动作用。制动器是行车制动系统的重要组成部分，主要有鼓式制动器和盘式制动器两种。按照规定，车长大于9m的客车、危险货物运输车辆的前轮必须安装盘式制动器。鼓式制动器是制动蹄片因受到制动力的作用，绕端点向外旋转，压靠制动鼓形成阻力；盘式制动器是制动块因受到制动力的作用，垂直压靠到制动盘上产生阻力。相对于鼓式制动器而言，盘式制动器具有散热性好、制动效能稳定等优点。

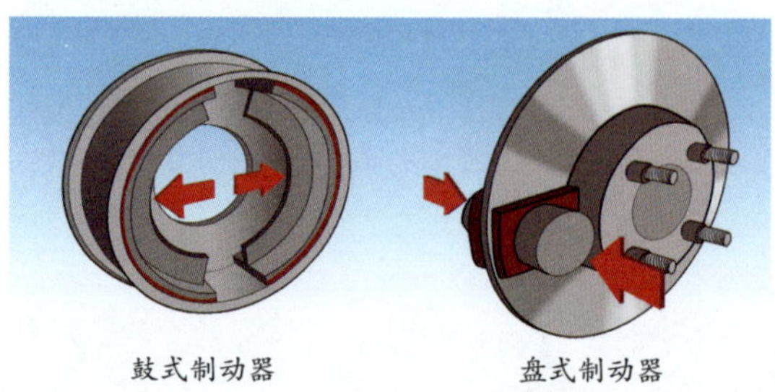

除三轮汽车外，汽车的行车制动必须采用双回路或多回路设计，即车辆的行车制动由两组或两组以上独立的行车制动回路组成，当其中一组回路失效时，虽然制动效能有所减弱，但驾驶员依然可以利用另一组完好的制动回路完成减速或停车。

典型双回路制动系统管路布置形式

形式	示意图（←行驶方向）	说　明
TT式		一组回路连接前轴车轮制动器，另一组回路连接后轴车轮制动器
X式		一组回路连接左前轮和右后轮制动器，另一组回路连接右前轮和左后轮制动器
HT式		一组回路连接前轴车轮制动器，另一组回路连接前轴和后轴车轮制动器
LL式		一组回路连接前轴车轮制动器和左后轮制动器，另一组回路连接前轴车轮制动器和右后轮制动器
HH式		每一组回路都连接前轴和后轴车轮制动器

2 驻车制动

驻车制动的主要功用是使已停驶的车辆驻留在原地不动。汽车均装配有驻车制动系统，通过驾驶员操作驻车制动器操纵手柄（杆）产生作用。驻车制动与行车制动的控制装置相互独立，且通过机械装置把车轮锁止，因此，在车辆断电时，驻车制动仍能起到锁止车轮的作用。

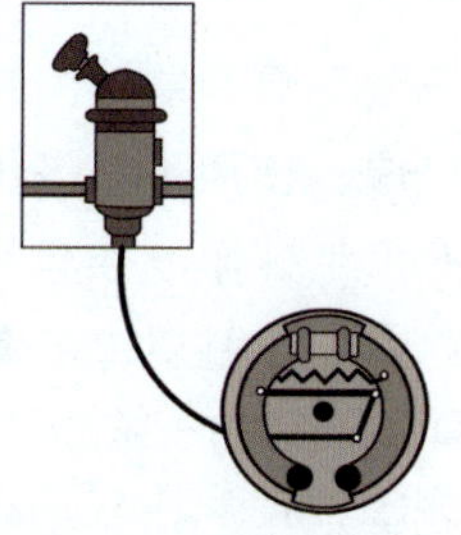

3 辅助制动

1 缓速器

根据国家相关标准要求，车长大于9m的客车、总质量大于等于12t的货车和所有危险货物运输车辆，均要求装备缓速器或其他辅助制动装置；特大型和大型的各级客车以及中型的高二级客车均要求装配缓速器。目前，缓速器正从高档客车的高级配置逐渐变为普通客车的标准配置。

缓速器的主要功用是其在工作时形成制动阻力，有效减缓车辆行驶速度。车辆下长坡或者通过交通情况复杂路段时，驾驶员频繁进行制动操作，会导致制动鼓和摩擦片过热，造成制动效能下降，甚至出现制动失效，而缓速器作为一种辅助制动系统，可以有效地解决这个安全问题。

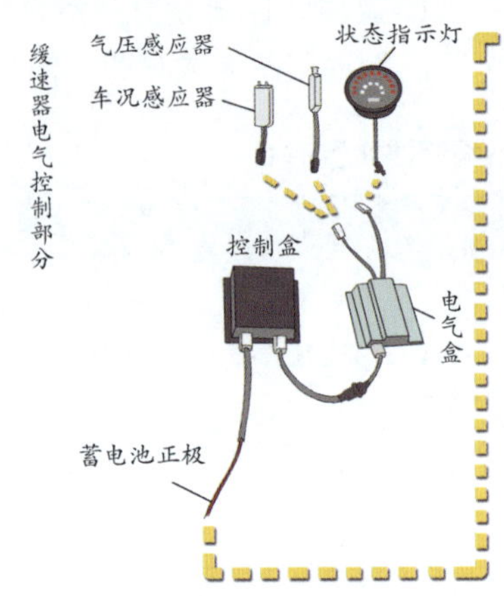

缓速器机械部分

缓速器通常安装在汽车变速器后端、传动轴或后桥的输入端，独立于车辆行车制动系统，由设置在驾驶位置的缓速器操纵开关进行控制。驾驶员使用缓速器时，应注意以下几个方面：

（1）缓速器操纵控制通常设有手控方式和脚控方式，一般情况下尽可能使用手控方式，以减轻行车制动器负荷；若采用脚控方式，尽量轻踩制动，最大程度地发挥缓速器的效能。

（2）缓速器操纵控制开关通常设有0、1、2、3、4五个挡位，0挡位不发生作用，其他挡位的制动强度依次增大。驾驶员可根据车辆行驶工况及制动强度的需要，合理选择挡位。

（3）当车辆下长坡时，在获得稳定的车速后，一般将缓速器控制开关置于中挡位置。

（4）在山区行驶，特别是在下长坡时，不能连续将缓速器手控开关放在最高挡位，避免缓速器持续过热导致线圈烧坏。

（5）车辆空载或行驶在冰雪、泥泞等低附着系数路面时，使用缓速器应注意不能升档太快，避免缓速器作用力过大引起车轮打滑。

（6）计划停车时，提前3～4km或10min关闭缓速器，使其在停车前得到充分散热。

2 排气制动

排气制动在大型柴油车上使用较为广泛，其主要功用是切断燃油供给，使得发动机失去动力源，曲轴反被车辆驱动轮和传动系统带动旋转，消耗车辆动能，起到辅助制动的效果。排气制动由驾驶室内安装在驾驶员左前方地板上的按钮阀操纵。

车辆下长坡时，驾驶员要充分利用排气制动。车辆在冰雪路面上行驶时，使用排气制动可以减少侧滑的危险；在会车、通过泥泞路段等情形下，可以使用排气制动提前减速。使用排气制动时应该注意：发动机转速不宜超过2000r/min，且变速器挡位处于低挡位时，排气制动效果较好。

二 汽车气压制动系统的工作原理

汽车气压制动具有制动力矩大、踏板行程短、操纵轻便、使用可靠等优点，对长轴距、多轴和拖带半挂车、挂车等能够实现异步分配制动，因此，4t以上的载货汽车、客车普遍装配有气压制动系统。

目前，我国汽车气压制动系统均采用双

回路设计，主要包括空气压缩机、空气干燥器、调压阀、四回路保护阀、储气筒、气压表和压力警示装置、手控制动阀、制动控制阀、制动气室等部件，下图为汽车气压制动系统的工作原理图。

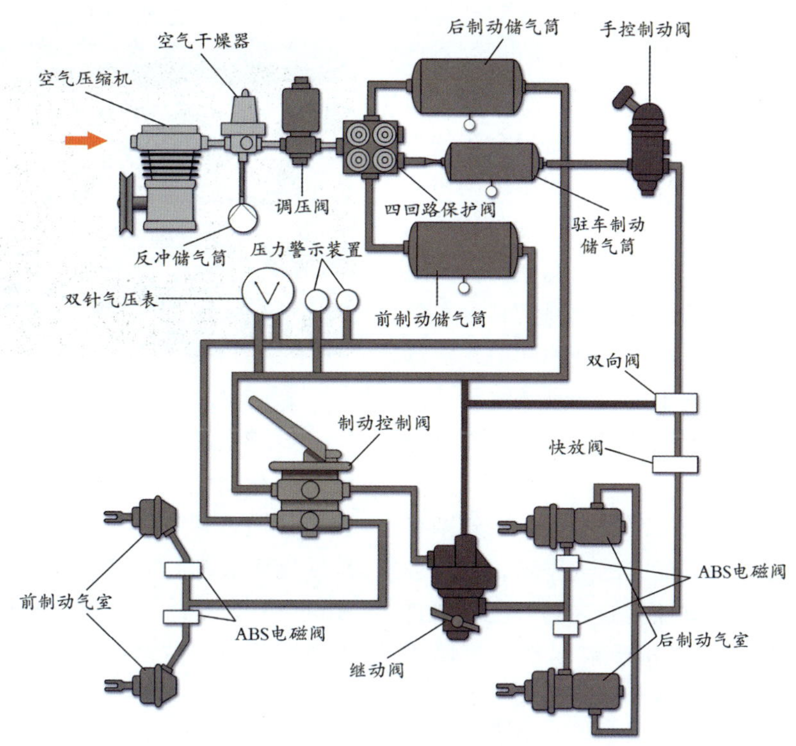

气压制动系统工作原理示意图

1 制动系气压的形成与分配原理

空气压缩机、空气干燥器、调压阀、四回路保护阀、储气筒是制动系气压形成的主要部件。

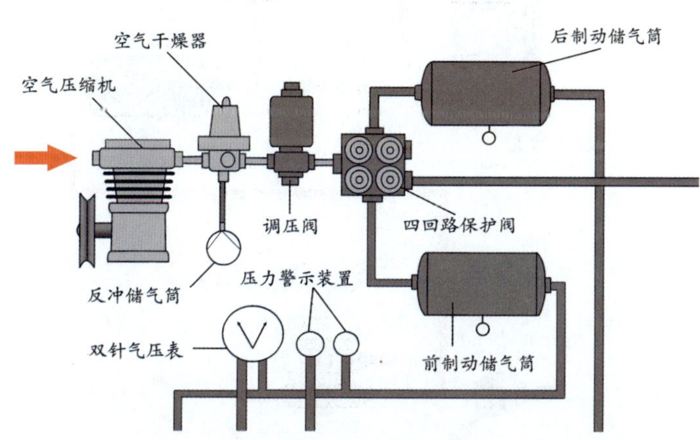

形成制动系气压的部位

空气压缩机从空气滤清器吸入空气，并对空气进行压缩增压；空气经过压缩后，仍然含有水汽和油污等，低温条件下水汽在制动管路中凝结容易造成制动失效，因此，压缩空气须经过空气干燥器进行过滤后，再进入调压阀。调压阀的作用是保证储气筒内

气压不超过允许的最高气压。当系统回路的气压达到额定值时，调压阀关闭向回路保护阀充气的通道，同时打开空气压缩机的排气阀，使空气压缩机空转，从而防止制动管路因压力过大而发生故障。

压缩空气经过调压阀后，进入四回路保护阀。四回路保护阀的作用是将全车的气路分为既相互联系又相互独立的多个回路，当其中一个回路出现“断”、“漏”等故障时，保护阀立即关闭该回路，而使其他回路仍然正常工作。四回路保护阀通常将全车气路分成前制动回路、后制动回路和驻车制动回路，各制动回路的出气口分别通过管线向前制动储气筒、后制动储气筒和驻车制动储气筒充气。

前、后制动储气筒的出气口处分别接出两根管线接至仪表盘上的气压表，用以监测和指示前、后制动储气筒内的气压。通常仪表盘内左侧气压表指示前制动储气筒内的气压，右侧气压表指示后制动储气筒内的气压，当储气筒中的气压低于安全值时，仪表盘内压力报警指示灯和故障报警灯开始点亮，此时驾驶员应立即停车检查制动系统，查找制动气压泄漏的原因。

2 前轮制动力的形成原理

驾驶员踏下制动踏板，通过机械联动自动打开制动控制阀，前制动储气筒中的压缩空气便通过管线经制动控制阀的下腔和前制动防抱死系统（ABS）电磁阀进入两个前轮的制动气室，推动制动器形成制动力。当松抬制动踏板时，前轮制动气室内的压缩空气经制动控制阀排出，前轮制动力即被解除。

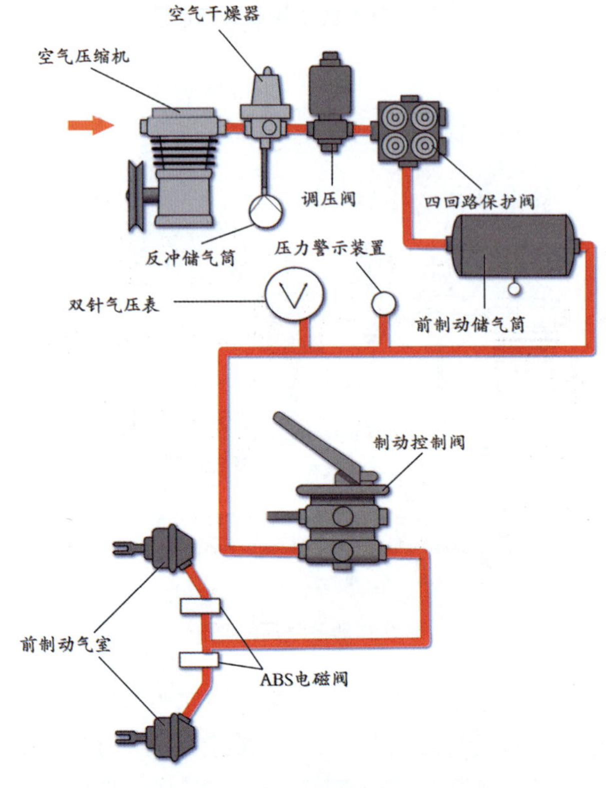

前制动回路

3 后轮制动力的形成原理

客货车辆的车身通常较长，制动控制阀距后轮制动气室的距离较远，再加上两个后制动气室的容积较大，如果驾驶员踏下制动踏板实施制动时，直接通过制动控制阀向后轮制动气室提供压缩空气，会导致制动气压建立的时间较长，制动缓慢。

为了迅速建立后轮的制动气压，可在后制动储气筒的出气口接出两根管线，其中一根管线通到制动控制阀的上腔进气口，当驾驶员踏下制动踏板时，通过机械联动自动打开制动控制阀，后制动储气筒中的压缩空气便通过管线经制动控制阀的上腔和后制动ABS电磁阀进入两个后轮制动气室，推动制动器形成制动力；另一根管线直接联通安装在后制动气室附近车架上的继动阀的进气口，而制动控制阀上腔出气口通过一根管线接入到继动阀的控制口，当驾驶员踏下制动踏板时，制动控制阀通过管线向继动阀控制口输入一个制动气压信号，继动阀立即打开，后制动储气筒中的压缩空气便通过管线经继动阀和后制动ABS电磁阀进入两个后轮制动气室，起到“快充”的作用。

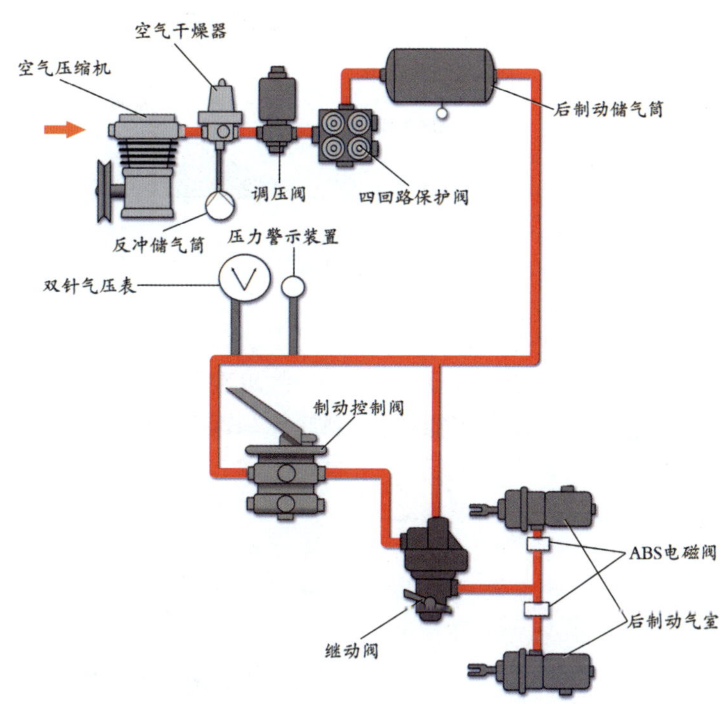

后制动回路

驾驶员松抬制动踏板后，如果两个后制动气室的压缩空气从制动控制阀排放，会导致放气时间较长，产生“制动延迟”现象。因此，除了迅速建立后轮的制动气压外，继动阀的另外一个作用是迅速解除制动气压，即驾驶员松抬制动踏板后，两个后制动气室的压缩空气直接就近从继动阀排出，起到“快放”的作用。

4 驻车制动力的形成原理

车辆后桥上的制动气室为复合式制动气室，它由后轮制动气室与驻车制动气室组合而成，前面是后轮制动气室，后面连接驻车制动气室。

当汽车准备起步时，驾驶员放松手控制动阀手柄，驻车制动储气筒内的压缩空气经手控制动阀和双向阀后，进入两个复合式

制动气室；当压缩空气作用在活塞上的力大于手控制动阀弹簧的预紧力后，制动推杆缩回，制动力解除。

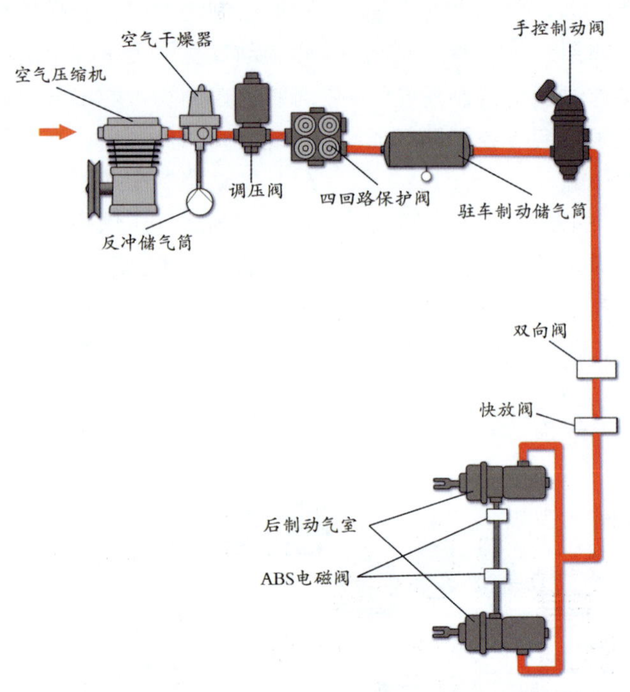

驻车制动回路

当汽车停驶后，驾驶员将手控制动阀手柄向上拉至“停车”位置后，复合式制动气室内的压缩空气就近从快放阀排出，储能弹簧推动活塞、推杆产生驻车制动力。因此，行车制动采用“充气式制动”，而驻车制动采用“放气式制动”。

三 汽车气压制动系统常见故障及处理方法

1 气压制动不良

故障现象：车辆在行驶中制动时，驾驶员明显感觉到减速度不足，制动距离增加。

处理方法：应立即在安全地方停车检查，如制动踏板自由行程或制动间隙过大，进行调整；如空气压缩机传动带松弛打滑，进行调整；如制动管路破裂或接头松动漏气，及时更换损坏的管路或用备用堵头拧紧进气端口，并尽快到修理厂处理；其他原因，应停驶并向专业人员寻求援助。

2 制动失效

故障现象：车辆行驶时，将制动踏板踩到底但车辆不减速，连续踩踏时制动仍无明显作用。

处理方法：应立即采取应急处置措施，安全停车后，向单位报告并向专业人员寻求援助。

3 制动拖滞

故障现象：行车中松抬制动踏板同时踩踏加速踏板后，驾驶员明显感觉到车轮有阻滞作用，加速不充分；停车后触摸制动鼓，感觉温度明显升高。

处理方法：应立即在安全地方停车检查，如制动踏板自由行程或制动间隙过小，进行调整；制动踏板复位弹簧疲劳、拉断、脱落，更换踏板复位弹簧；其他原因，应停驶并向专业人员寻求援助。

4 制动跑偏

故障现象：车辆行驶中制动时，不能保

持直线方向，而自行偏向一侧。

处理方法：应立即在安全地方停车检查，如左、右轮胎气压不一致或异常磨损，及时给轮胎补气或更换磨损轮胎；其他原因，应停驶并向专业人员寻求援助。

第二节 汽车列车制动与连接系统及其使用常识

本节介绍了汽车列车制动与连接系统的工作原理、常见故障和处理方法，以及汽车列车连接装置的操作方法、常见故障和处理方法。汽车列车是货运车辆的组成部分，相对单体车辆而言，汽车列车的操作有其特殊性，驾驶员掌握汽车列车制动与连接系统的正确使用方法，有利于保障行车安全。

一 汽车列车制动系统的工作原理

汽车列车是由牵引车和挂车组成的车列，其制动系统由牵引车制动系统和挂车制动系统两大部分组成，均采用气压制动方式。汽车列车的制动系统除必须具备单体车辆制动系统要求的减速、停车、驻车等功能外，牵引车和挂车的制动还应协调，制动作用顺序依次为牵引车前轮、挂车车轮、牵引车后轮。为了防止因牵引车与挂车的制动不协调导致车辆发生“折叠”的危险，一些驾驶员擅自切断牵引车前轮的制动，而这种行为会降低汽车列车制动效能，“刹不住车”，非常危险。

目前，牵引车制动系统和挂车制动系统均采用双回路设计，牵引车制动系统的结构、工作原理与单体车制动系统相同，单体车制动系统在本章的第一节已经作了详细介绍，本节重点介绍挂车制动系统。

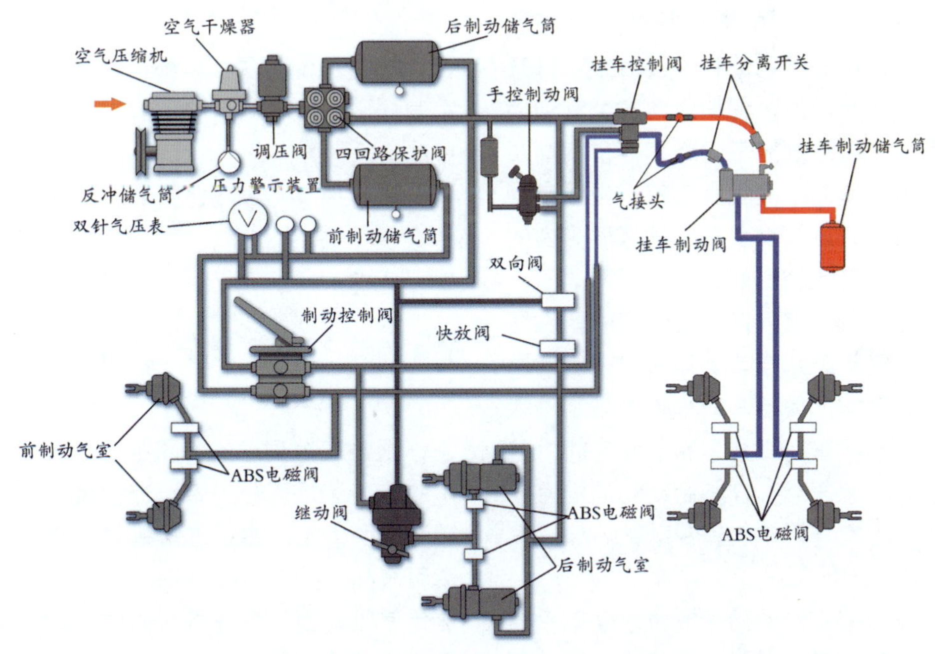

汽车列车气压制动系统的工作原理示意图

挂车制动系统由牵引车控制单元和挂车制动单元组成。牵引车控制单元主要包括挂车控制阀和前气制动管连接器，挂车制动单元主要包括气制动连接用螺旋管总成、前气制动管连接器、挂车制动储气筒、挂车制动阀、ABS电磁阀和制动气室。

挂车制动系统通过两根螺旋管与牵引车的制动系统相连，用于给半挂车供气和供电。其中，在连接头处涂有红色的管路为充气管路，主要作用是给挂车储气筒充气；在连接头处涂有黄色的管路为控制管路，主要作用是给挂车制动气室充气。

气制动连接用螺旋管总成

当牵引车与挂车的充气管路和控制管路分别接通，前后气制动管连接器分别打开时，压缩空气经四回路保护阀向驻车制动储气筒充气，同时通过充气管路和挂车制动阀的通气孔给挂车制动储气筒充气。当挂车制动储气筒内的气压与牵引车制动储气筒内的气压相同时，停止充气。

在给挂车制动储气筒充气的同时，压缩空气通过充气管路和挂车制动阀的进气阀进入挂车制动气室，使挂车的车轮处于制动状态，无法起步行车。当挂车制动储气筒内的气压高于起步气压时，挂车制动阀的排气阀开启，制动气室开始排气，制动被解除，汽车列车方能起步行车。

当驾驶员踏下制动踏板或拉起驻车手控制动阀手柄时，牵引车制动系统产生制动气压信号并传输至挂车制动阀，促使挂车控制阀下腔打开，从而控制挂车制动储气筒内的压缩空气通过管线经ABS电磁阀进入挂车的4个制动气室，使挂车车轮产生制动效果。当驾驶员松抬制动踏板或放下驻车手控制动阀手柄时，挂车制动气室的压缩空气经挂车制动控制阀排出，挂车车轮的制动被解除。

二 汽车列车制动系统常见故障及处理方法

1 制动滞后

故障现象：车辆在行驶中制动时，驾驶员踩下制动踏板，挂车开始制动的时间明显迟于牵引车。

处理方法：应尽快到修理厂检查、处理。

2 挂车自动制动

故障现象：车辆行驶过程中，驾驶员会明显感觉挂车负荷突然增大；车辆停驶时，挂车所有车轮制动器都处于制动状态，只有松开挂车制动气室接头进行排气才能解除制动状态。

处理方法：应尽快到修理厂检查、处理。

3 制动拖滞

故障现象：行车中松抬制动踏板时，挂车制动解除过程明显晚于牵引车，并且挂车排气声比较轻而长。

处理方法：新出厂挂车在使用初期会出现这种现象，但还是尽快到修理厂检查、处理。

三 汽车列车连接装置及使用常识

1 汽车列车连接装置的类型

根据汽车列车的不同组合形式，汽车列车的连接装置可分为牵引连接装置和支承连接装置两大类。牵引连接装置主要用于连接牵引车与全挂车或全挂车与挂车，它主要负责传递驱动力，并在垂直方向承载一部分牵引架的重量。

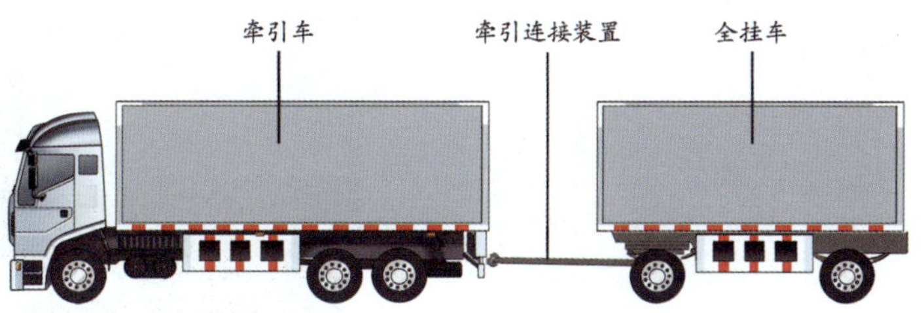

全挂汽车列车的牵引连接装置

支承连接装置主要用于连接牵引车与半挂车，它除了传递驱动力之外，还在垂直方向承载和传递半挂车前部分的重量，并起着转向的作用。

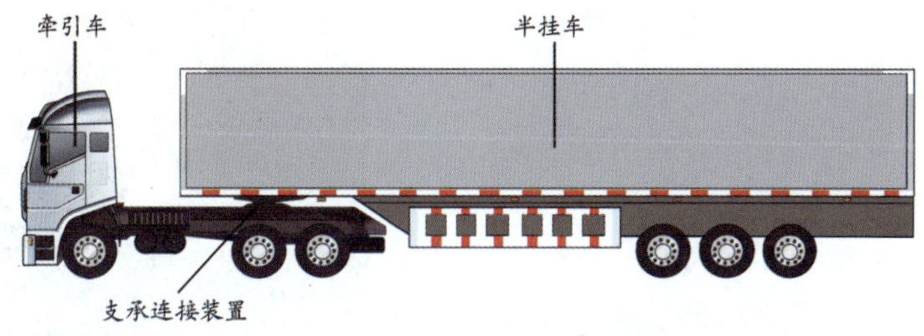

半挂汽车列车的支承连接装置

① 牵引连接装置

牵引连接装置包括牵引钩和牵引架两个部分，通过牵引钩与牵引架上的挂环把牵引车与全挂车连接起来，组成全挂汽车列车。

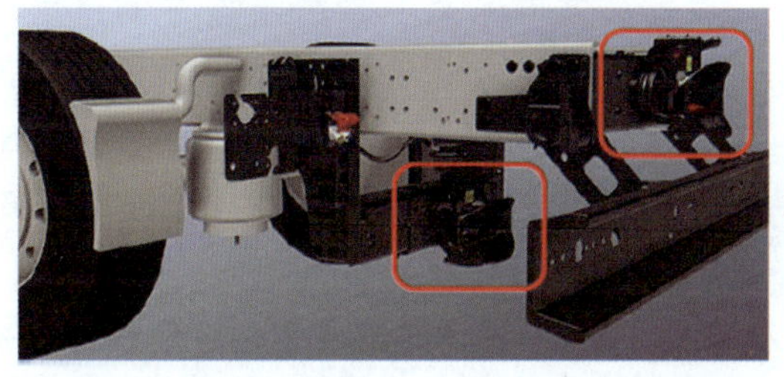

牵引连接装置

牵引钩安装在牵引车车架后横梁及附加支承上，可分为固定式、缓冲式、带有可调机构无间隙式、球销式、简单型插销式、球铰式等类型。

固定式牵引钩是用螺栓直接固定在牵引车车架后横梁及附加支承上，具有结构简单、使用可靠、通用性好的优点，但抗冲击性差，适用于小型或重型公路运输汽车列车的连接。缓冲式牵引钩是通过缓冲件（弹簧或橡胶）固定在牵引车车架后横梁上，具有结构简单、使用可靠、通用性好的优点，且对冲击载荷有一定的缓冲能力，被广泛应用在全挂汽车列车的连接上。

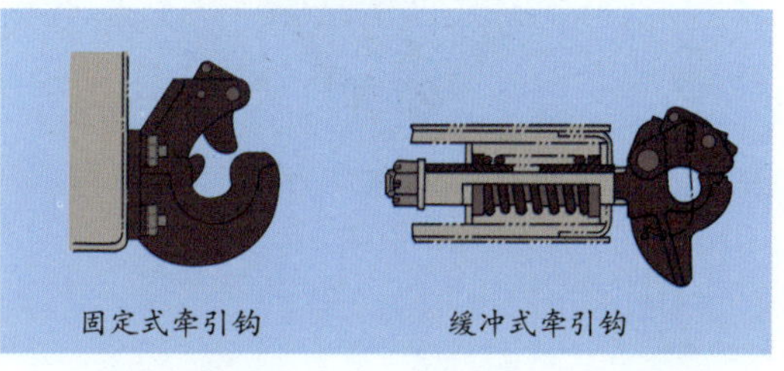

简单型插销式牵引钩分为固定式和缓冲式两种，是用螺栓直接固定在牵引车车架后横梁及附加支承上或通过缓冲件（弹簧或橡

胶）固定在牵引车车架后横梁上，其结构较为简单，适用于低速、重载、场内使用的汽车列车的连接。球铰式牵引钩的结构简单、挠屈性好，适用于挂车总质量不大于2t的汽车列车的连接。

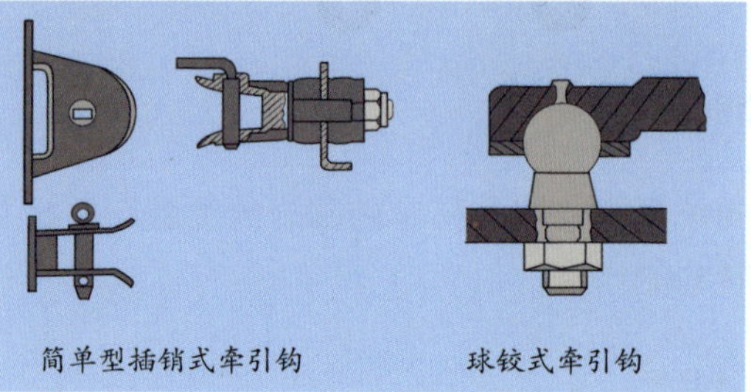

牵引架安装在全挂车上，主要由挂环、缓冲器、安全链、架体等组成。牵引架的长度会影响全挂汽车列车的机动性和稳定性，牵引架过长会增加汽车列车的质量，还会增加转向和倒车的难度，因此，牵引架的长度通常为全挂车车厢宽度的70%左右，一般为1500～1700mm。

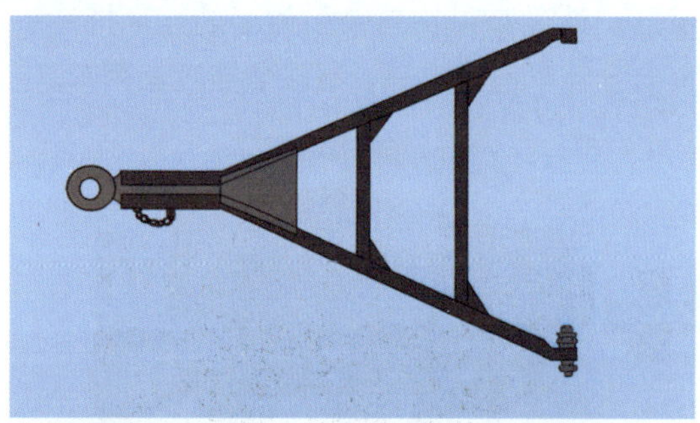

牵引架

2 支承连接装置

支承连接装置包括牵引座和回转牵引销两部分，通过牵引座和回转牵引销把牵引车与半挂车连接起来，组成半挂汽车列车。

支承连接装置

牵引座也称为第五轮或鞍座，安装在牵引车的车架上，主要由座板、锁止机构和支座组成，牵引座的作用包括牵引半挂车、在垂直方向承载一部分半挂车的重量以及充当半挂车的转向机构，牵引座通常分为固定型、举升型和移动型。根据工作直径的不同，牵引座分为90#和50#牵引座，对应的工作直径分别为89mm和50.8mm。

固定型牵引座的支座固定在牵引车车架上，座板在支座上可以绕X轴或Y轴作一定角度的摆动，目前在半挂汽车列车上应用广泛。其中，座板只能绕Y轴作纵向倾摆的牵引座通常称为单自由度牵引座或Ⅰ轴式牵引座，这种牵引座使汽车列车具有较高的行驶稳定性，但车架承受的扭矩较大，适用于轻载、在较好路面上行驶的集装箱半挂汽车列车及高货台、散装货运半挂车；而座板既能绕Y轴纵向倾摆，又能绕X轴作横向摆动的牵引座通常称为二自由度牵引座或Ⅱ轴式牵引座，这种牵引座能够有效地防止车架承受过大的扭矩，适用于重载、在较差路面上行驶的低货台、倾斜自卸半挂车。

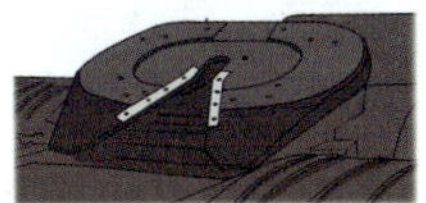

固定型牵引座

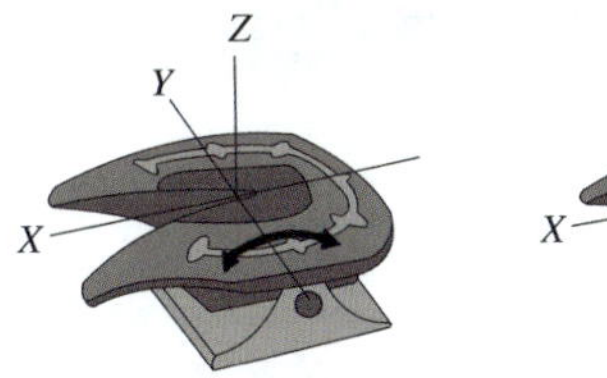

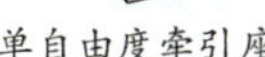

单自由度牵引座

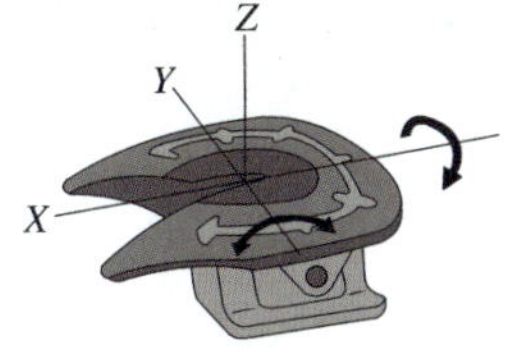

二自由度牵引座

回转牵引销安装在半挂车的前部，根据工作直径的不同，回转牵引销分为90#和50#回转牵引销。需要注意的是，90#牵引座配用90#回转牵引销，50#牵引座配用50#回转牵引销。

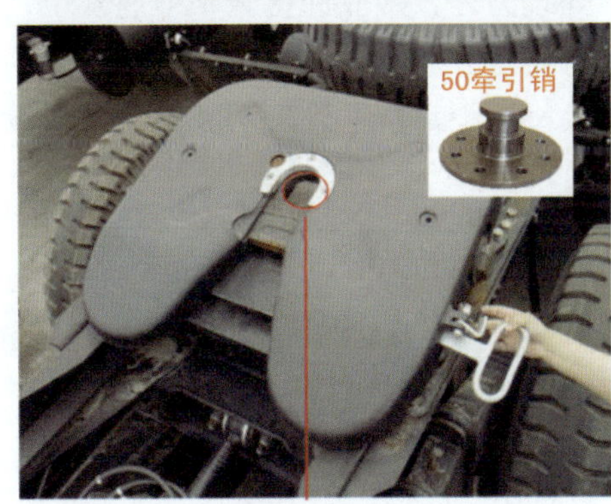

回转牵引销

除了支承连接装置外，半挂车与牵引车的连接还包括电气连接装置，用于给半挂车供气和供电。其中，红色管路为供气管路，黄色管路为制动管路，黑色管路为供电管路。

电气连接装置

2 牵引车与半挂车连接与分离操作

驾驶员应按以下要求进行牵引车与半挂车的连接操作：

（1）检查连接装置应安全可靠，无受损件或脱落件；

（2）检查牵引座、回转牵引销和牵引滑板清洁、无异物，有足够的润滑油脂；

（3）在半挂车轮胎下用三角木垫稳，放下半挂车支承装置且使其与地面连接稳固，调整支承装置高度，使牵引滑板比牵引座上平面中心位置低约10～30mm；

（4）操纵牵引座的锁止机构，使锁止块张开，呈自由状态；

（5）由专人指挥将牵引车缓慢直线后倒，在牵引车座与牵引销连接后，将牵引座的锁止机构置于“锁止”位置，并停止倒车；

（6）连接牵引车与半挂车之间的制动管路接头和灯用电缆插头（注意同色接头相连接），收起挂车支承装置；

（7）拧开牵引车的气路连接分离开关，使其处于通气状态；起动发动机，观察气压表，检查气路无漏气，制动系统工作正常；

（8）检查灯光信号正常，检查牵引车与半挂车之间的匹配高度、回转空间应符合要求。

驾驶员应按以下要求进行牵引车与半挂车的分离操作：

（1）选择平坦、坚实的地面停车，保持牵引车与半挂车成一条直线，确保半挂车制动器完全制动；

（2）放下挂车支承装置，且使其与地面连接稳固；旋转摇把，稍抬高半挂车牵引滑板，解除对牵引车的全部载荷；

（3）断开制动管路接头和灯用电缆的插头，开启牵引座的锁止机构；

（4）将牵引车慢慢驶离半挂车，使牵引座与牵引销完全脱离；

（5）检查半挂车各部件无异常，松开储气筒下部的放水阀，排出筒内积水。

3 汽车列车连接装置常见故障及处理方法

汽车列车牵引连接装置常见的故障有牵引钩断裂、牵引钩托板弯曲脱焊、汽车列车起步或停车时有冲击等，支承连接装置常见的故障有锁止机构的拉环拉不出来、座板表面异常磨损、支座断裂等。

1 故障现象：牵引钩断裂

处理方法：应立即检查牵引钩，如牵引钩断口内有旧伤，及时更换牵引钩；如牵引钩断口无旧伤，且断口内侧有膨胀痕迹，应向专业人员寻求援助，查找牵引车与挂车连接时对接不当的原因。

2 故障现象：牵引钩托板弯曲脱焊

处理方法：应立即检查牵引钩部位，并向专业人员寻求援助，重新整形牵引钩托板，并重新进行焊接。

3 故障现象：汽车列车起步或停车时有冲击

处理方法：对于全挂汽车列车，应立即检查、调整牵引钩的可调机构，确认牵引钩是否有异常磨损或损坏，若过分磨损或损坏，则更换相应的可调机构；如其他原因，应向专业人员寻求援助。对于半挂汽车列车，应立即对回转牵引销、支座固定螺栓等进行检查；如牵引销松动或异常磨损，则更换牵引销，并拧紧牵引销螺栓；如支座固定螺栓松动，则紧固支座固定螺栓，并安装前后限位块。

4 故障现象：牵引座座板表面异常磨损

处理方法：应立即检查牵引座部位，如座板表面沾有砂石或者牵引滑板的前部未倒角处理，应打磨牵引滑板表面或座板表面，或者更换牵引滑板，清理或补充润滑脂。

5 故障现象：牵引座中心部位凸起

处理方法：应立即检查牵引座部位，更换牵引座；装载时，严格遵守车辆核定的载质量装货，不超载；改善驾驶习惯，尽量避免高速转弯。

第三节 车辆轮胎及其使用常识

本节介绍了车辆轮胎的类型、轮胎异常状况及其形成原因、轮胎的正确使用方法。轮胎是车辆行驶系的重要部件，其对缓和路面冲击、保证车轮与路面良好的附着性有重要的作用，驾驶员掌握轮胎的正确使用方法，有助于延长轮胎使用寿命，提升行车安全，降低燃油消耗。

一 车辆轮胎类型

按照胎体结构，轮胎可分为充气轮胎和实心轮胎，目前车辆上绝大多数采用的是充气轮胎。充气轮胎按照胎体中帘线排列方

向，可分为普通斜交轮胎和子午线轮胎；按照组成结构，可分为有内胎轮胎和无内胎轮胎。

1 普通斜交轮胎和子午线轮胎

普通斜交轮胎外胎的帘布层和缓冲层帘线按一定的角度交叉排列。子午线轮胎胎体的帘布层帘线排列方向与轮胎横断面方向一致，成圆环状排列，缓冲层帘线则交叉排列。轮胎的帘布层是外胎的骨架，主要作用是保持外胎形状和尺寸，缓冲层的作用则是缓和轮胎受到的路面冲击力，防止胎面与帘布层脱离。

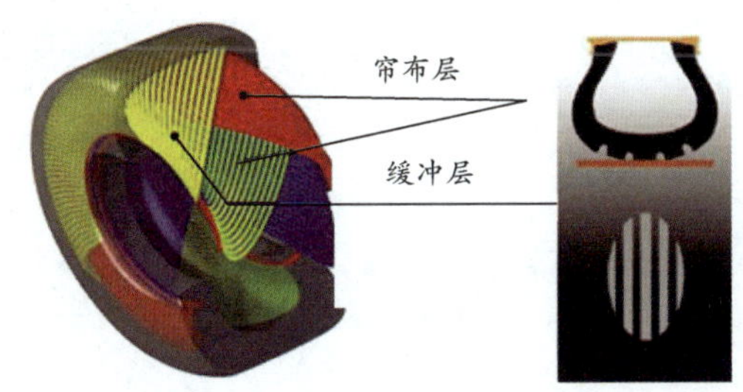

普通斜交轮胎

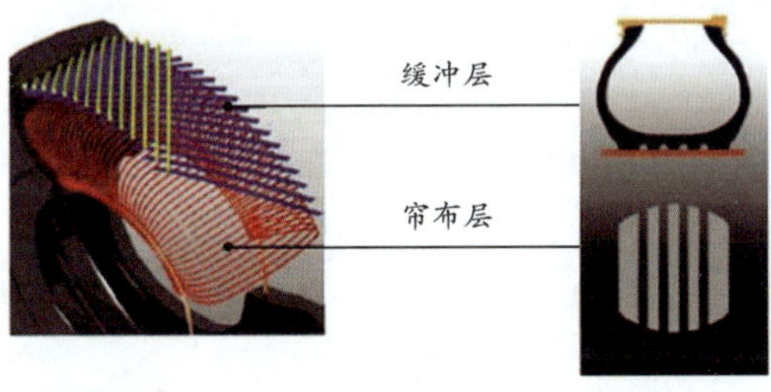

子午线轮胎

普通斜交轮胎的胎体结构坚实，轮胎两侧不易损坏，但使用寿命短、缓冲新能较差、滚动阻力大。子午线轮胎两侧易磨损，但缓冲性能、耐磨性能和散热性能好，滚动阻力小。

2 有内胎轮胎和无内胎轮胎

有内胎轮胎主要由外胎、内胎和垫带组成。外胎的作用是保护内胎，使其不受路面上尖硬物体的损害；内胎的作用是充满压缩空气，保持胎压；垫带在内胎与轮辋之间，主要是保护内胎，使其不受轮辋和外胎胎圈的擦伤和磨损。

无内胎轮胎的构造与有内胎充气轮胎的构造大体相同，不同的是无内胎轮胎的外胎内壁上紧紧地附加了一层厚约2～3mm的高密封性橡胶密封膜，起到保护内胎的作用。

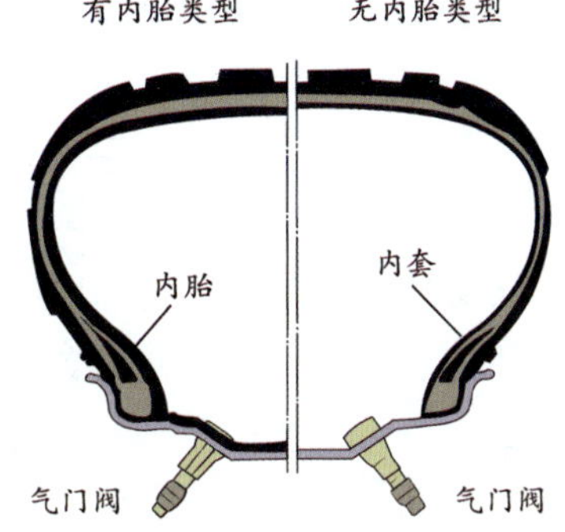

有内胎轮胎的载重性较好，途中补胎方便，但其气密性和散热性差，一旦内胎被尖硬物体刺破，胎内空气会快速流失，导致胎压迅速下降，此外，还容易因轮胎温度过高而导致磨损加剧或爆胎。因此，当有内胎轮胎出现漏气时，应立即选择安全地带停车检修。

无内胎轮胎有较高的弹性和耐磨性，并有良好的附着力和散热性能，一旦有尖硬物体刺入轮胎，空气缓慢外泄，胎压不会急剧下降，这样可以继续行驶，但应尽快将其送到修理厂进行修理。因此，当无内胎轮胎的轮辋出现变形或锈蚀时，应立即送修理厂进行检修。

根据国家标准《机动车安全运行技术条件》（GB 7258）的要求，专用校车和卧铺客车应装用无内胎子午线轮胎，危险货物运输车辆和车长大于9m的其他客车应当装用子午线轮胎。根据行业标准《营运客车类型划分及等级评定》（JT/T 325）的要求，特大型客车、大型客车、中型和小型高二级与高一级客车应装用无内胎子午线轮胎，中型和小型中级与普通级客车应装用子午线轮胎。

3 翻新轮胎

翻新轮胎是指将已经磨损或因其他原因损坏失去使用性能的轮胎，经翻修加工使之

重新具有使用性能的轮胎。根据国家标准要求，翻新轮胎必须标示“RETREAD”或“翻新”字样，标志翻新次数和翻新批号。

使用者对轮胎维护意识的缺乏、车辆超载运输等，造成胎面严重磨损，胎体被压坏，而国家对轮胎的可翻新性缺乏技术质量标准，本不能再翻新的轮胎仍被翻新使用，此外，部分轮胎翻新企业采用手工加工，产品质量达不到标准，这些因素使得翻新轮胎的强度和安全性不如新胎。

根据国家标准《机动车安全运行技术条件》（GB 7258）的要求，公路客车、旅游客车的所有车轮及其他机动车的转向轮不得装用翻新的轮胎；其他车轮如使用翻新的轮胎，应符合相关标准的规定。

二 车辆轮胎异常状态及形成原因

轮胎的异常状态有很多，如异常磨损、撕裂、倾斜、切口、脱开等，驾驶员了解轮胎异常状态产生的原因，对于改善驾驶操作、提高轮胎使用寿命、提升行车安全有着良好的促进作用。

轮胎异常状态及形成原因

序号	异常状况特征	示意图	形成原因
1	胎面中部磨损严重		（1）轮胎气压长时间处于过高状态； （2）未及时进行轮胎换位
2	胎面两侧磨损严重		（1）轮胎气压长时间处于过低状态； （2）车辆经常性载重过大； （3）经常性在高速状态下进行急转向操作
3	胎面一侧磨损严重		（1）车轮定位不当，外倾角过小； （2）车辆装载不均衡，经常性偏载； （3）经常性在高速状态下进行急转向操作
4	胎面局部磨损严重		（1）车辆的悬挂系统或制动系统存在故障； （2）车轮出现径向跳动； （3）经常性采取急加速或急减速操作

续上表

序号	异常状况特征	示意图	形成原因
5	胎面橡胶开裂或脱开		（1）轮胎气压长时间处于过低状态； （2）车辆经常性载重过大； （3）经常性高速行驶； （4）胎面受到路沿石的猛烈冲击； （5）轮胎花纹嵌入尖硬物体造成损伤
6	胎侧出现擦伤、裂纹、切口或鼓包		（1）轮胎气压长时间处于过低状态； （2）胎侧受到路沿石的猛烈冲击或刮擦； （3）车辆经常性载重过大； （4）胎侧因油液等异物引起老化

三 车辆轮胎的正确使用方法

1 合理搭配轮胎

同轴应选择同一品牌、规格、结构、使用类型轮胎。载货汽车通常前轴轮胎选用纵向花纹，驱动轴轮胎选用混合型或横向花纹，这样有利于车辆的操作稳定性。

普通斜交轮胎与子午线轮胎、无内胎轮胎与有内胎轮胎不得同车混装，否则，会使某一轴的轮胎磨损加快，甚至产生转向不足或过度转向，影响车辆的操纵稳定性，当地面附着系数较低或车辆快速转向时，极易发生侧滑危险。

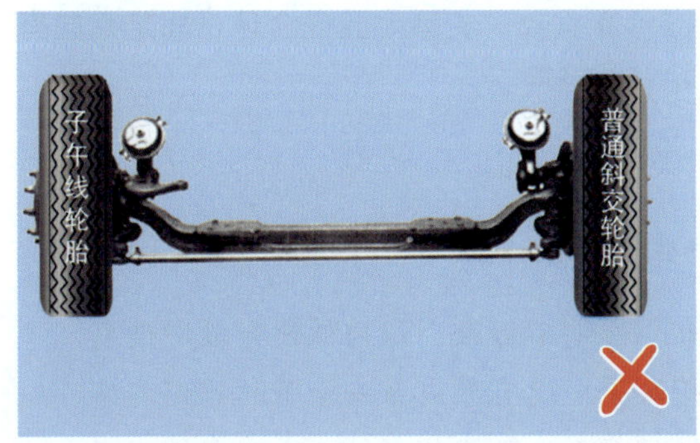

换装新胎时，应尽量做到整车或同轴同换。新旧胎搭配时，应选择磨损程度相近的轮胎进行装配，一般要求轮胎磨损程度相差不超过3mm，以保证外直径相同。装配定向花纹轮胎时，应使轮胎的旋转方向标志与车辆行驶方向一致。

2 做好轮胎日常检查

结合车辆日常检查，做好轮胎的检查，包括检查轮胎表面的裂纹、磨损等情况，当轮胎花纹磨损到极限磨损标识时，应及时更换轮胎；同时，检查轮胎气压并及时补气，保持正常的轮胎气压。轮胎气压不能低于标定气压，最高气压一般不能高出标定气压20～30kPa。试验表明，轮胎气压降低20%，轮胎使用寿命约降低15%以上。

3 正确装载

严格按车辆核定的载质量装货或载客，不超载、不超员。车辆装载货物质量应均匀分布，避免因偏载导致某一侧轮胎负荷过重。

4 定期调换轮胎位置

轮胎使用一定里程后，应将前后车轮的轮胎互相调换，以便负荷、磨耗均匀，延长轮胎的使用寿命。

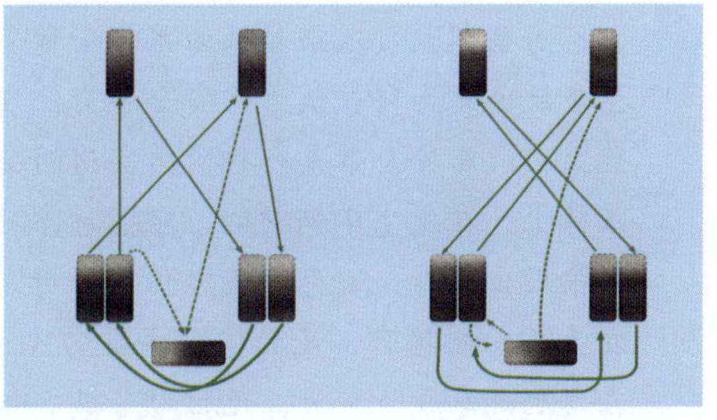

交叉换位法　　循环换位法

5 采用科学的驾驶方法

行车中，应平稳驾驶，避免出现起步过猛、转向过急、紧急制动等操作。

在不良道路上行驶时，应尽量避开路面上的尖锐石块和其他障碍物，防止轮胎被刺伤或撞破。行驶中，轮胎与路边石严重碰撞，出现剧烈振动、左右跑偏，或者在恶劣路面长距离行驶后，应及时由专业人员进行检查。

车辆长途高速行驶及夏季行车时，应适当增加停车次数，避免过长距离高速行驶，造成轮胎温度过高。轮胎温度过高时，应选择阴凉处停车降温，不可采取放气或泼冷水的方法降温、降压。

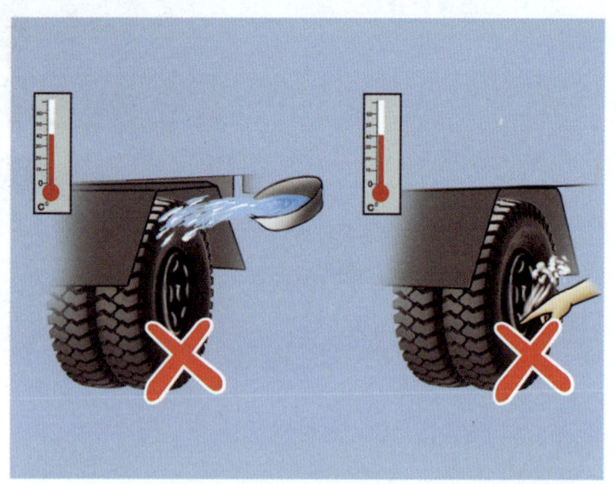

第四节 车辆安全装置及其使用常识

本节介绍了汽车安全带、应急出口、灭火器、车身反光标识、防护装置、紧急切断装置等安全装置的作用和使用方法。安全装置在预防和避免事故发生、减轻人身伤害程度等方面起着重要的作用，驾驶员掌握车辆主要安全装置的使用方法，可以更好地发挥其效能，避免事故或者降低事故的损害程度。

一 汽车安全带

公路客车、旅游客车的所有座椅、其他汽车（低速汽车除外）的驾驶员座椅和前排乘员座椅均应装置汽车安全带。汽车安全带应可靠有效，安装位置应合理，固定点应有足够的强度。

小知识

安全带——生命带

有些驾驶员或乘客认为系安全带受约束、感觉不舒服，认为低速行驶即使发生事故也无大碍，认为系安全带会使衣服褶皱等，没有养成系安全带的习惯。实际上，汽车安全带是一种简单实用的安全保护装置，可以把驾驶员或乘客固定在座椅上，在发生车辆侧翻、碰撞时，可以避免驾驶员或乘客在车内发生二次碰撞或被甩出车外，避免和减轻伤害。研究表明，驾驶员或乘客正确系好安全带，在发生正面碰撞时，死亡率可减少57%；在发生侧面碰撞时，死亡率可减少44%；在发生翻车或坠车时，死亡率可减少80%。

所有驾驶员座椅、前排乘员座椅（货车前排乘员座椅的中间位置除外）、客车位于踏步区的车组人员座椅，应装置三点式（或四点式）汽车安全带；卧铺客车的铺位应安装两点式汽车安全带。驾驶员要经常检查安全带的技术状况，发现问题及时维护、修理和更换，确保安全带能正常使用。发车前和驶入高速公路时，要提醒乘客系好安全带。

案例

漠视安全带的作用，遇车祸伤亡惨重

2012年8月31日8时左右，驾驶员郭某驾驶一辆大型客车，沿连霍高速公路自西向东行驶至784km+420m处河南三门峡境内（该路段为下长坡弯路，且雨天路面湿滑），车辆突然发生侧滑，撞击道路左侧桥面护栏后，翻至道路右侧边沟中，造成11人死亡、14人受伤。

事故调查发现，肇事客车的座位虽然全部安装有安全带，但40%的座位配备的安全带不能正常使用。郭某在发车前未履行安全告知义务，未提醒旅客系安全带，客运站也未对出站车辆旅客系安全带的情况进行检查。从事故的后果来看，客车左前部直接撞击地面的部分变形较为严重，车体大部分变形不严重，未影响内部生存空间，大部分旅客是先被甩出车外，后被肇事车砸压致死。如果旅客能够正确使用安全带，必然会大大减少事故的伤亡人数。

二 应急出口

当车辆发生火灾、侧翻等紧急情况或事故时，应急出口对于保障乘员逃生或救援人员有效开展施救非常重要。应急出口包括应急门、应急窗或撤离舱口。

每个应急出口的附近都应设有“应急出口”字样。在乘客门和应急出口的应急控制器（包括用于击碎应急窗车窗玻璃的工具）的附近，应标有清晰的符号或字样，并注有操作方法。

1 应急门

应急门是指仅在异常、紧急情况下作为乘客出口的车门。车长大于或等于6m的客车，如车身右侧仅有一个乘客门且在车身左侧未设置驾驶员门，则在车身左侧设置有应急门。

应急门关闭时，由锁止机构自动锁止，在车辆正常行驶情况下不会因车辆振动、颠簸、冲撞而自行开启；当车辆停止时，可以从车内和车外方便地打开应急门。所有应急门都提供声响装置，在应急门未完全关闭时提醒驾驶员。

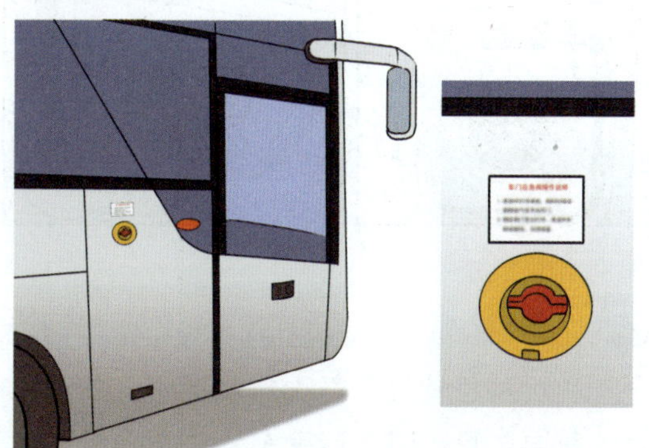

2 应急窗

应急窗是指仅在紧急情况下作为乘客出口的车窗。车长小于6m的客车，在乘坐区的两侧设有乘客易于逃生或救援的侧窗；卧铺客车的卧铺布置为上、下双层时，侧窗洞口为上、下两层。

应急窗通常采用易于迅速从车内和车外开启的装置，或者采用易击碎的安全玻璃。对于装配安全玻璃的应急窗，在其邻近处的明显部位装备有击碎玻璃的工具——安全锤。

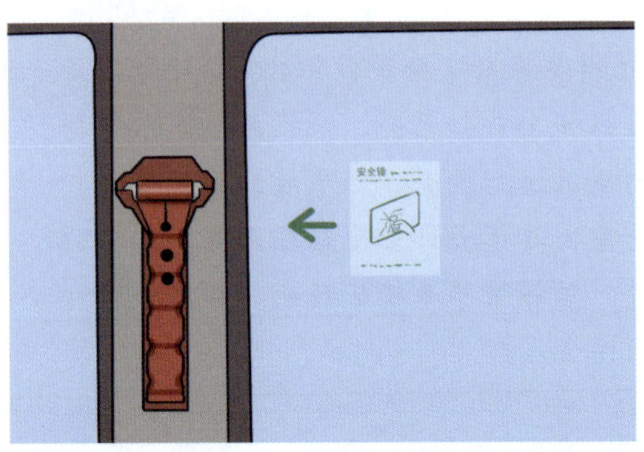

3 撤离舱口

撤离舱口是指仅在紧急情况下供乘客作为应急出口的车顶或地板上的开口，即安全顶窗和地板出口。二级和三级客车均设有撤离舱口，乘客数量少于或等于50人的，最少设有1个撤离舱口；乘客数量大于50人的，最少设有2个撤离舱口。

撤离舱口被锁住时，可以用正常的开启或移开机构将其从车内打开或移开。撤离舱口被开启后，从车内外进出均会很通畅。

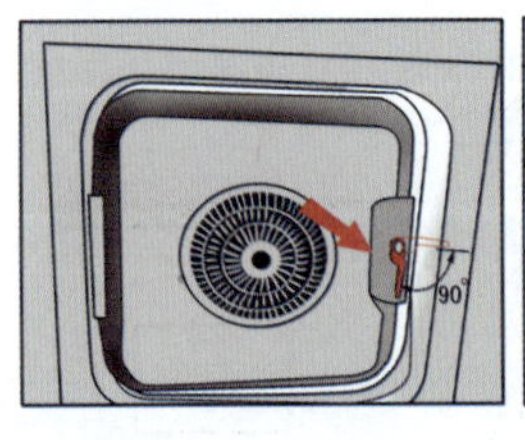

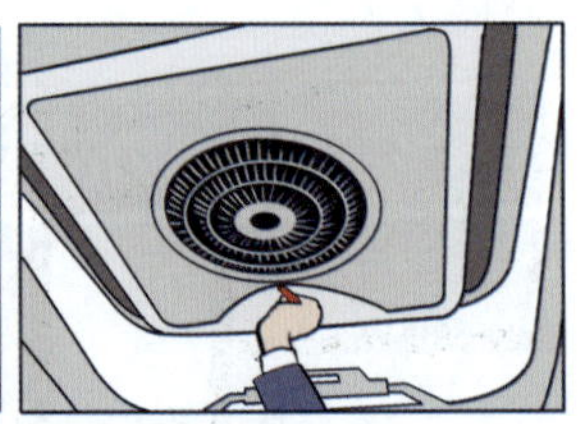

三 灭火装置

灭火器是驾驶员在火灾初期进行紧急自救的重要工具，道路运输车辆应配备足量、有效的灭火器。一般来说，9m以下的客车配备的灭火器不少于4kg，9m以上的客车配备的灭火器不少于8kg。

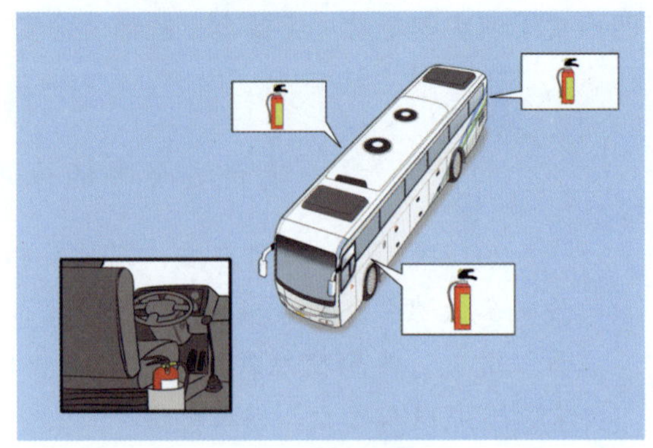

灭火器应在车辆（客厢内）按前、后，或前、中、后进行分布，其中一个应靠近驾驶员座椅，且应安装牢靠、便于取用。驾驶员应每月检查一次灭火器，包括检查压力表是否完好，压力是否处于绿色区域；检查铅封是否完好；检查喷管是否老化；检查灭火器是否在有效期内。如发现灭火器失效，应及时更换。

后置发动机客车的发动机舱内安装有温度报警系统和自动灭火装置。自动灭火装置主要由易燃线和干粉喷粉装置组成。喷粉装置安装在发动机高温热源部件上方，当发动机舱内起火（或高温）引燃了易燃线时，自动引爆干粉喷粉装置进行喷粉，达到自动灭火效果。

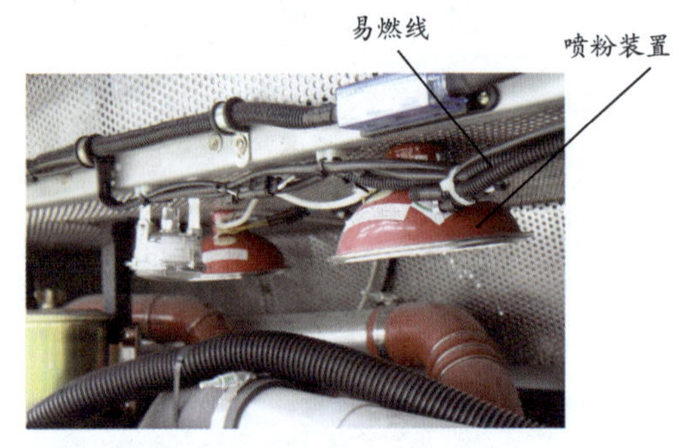

四 车身反光标识

总质量大于或等于12t的货车（半挂牵引车除外）和车长大于8m的挂车及所有最大设计车速小于或等于40km/h的汽车和挂车，应设置符合规定的车辆尾部标志板。

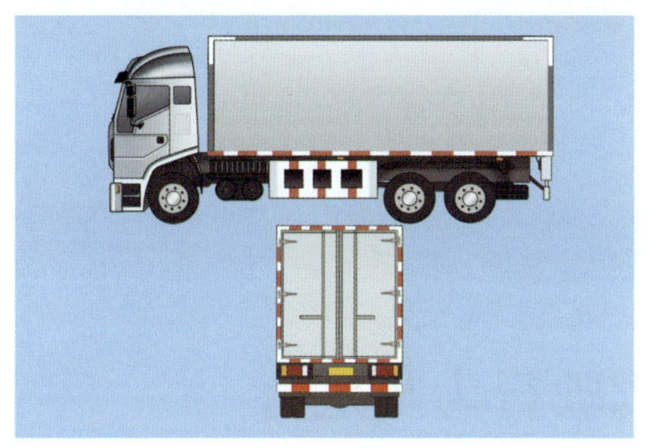

半挂牵引车应在驾驶室后部上方设置能体现驾驶室宽度和高度的车身反光标识，其他货车和挂车（设置有符合规定的车辆尾部标志板的除外）应在后部设置车身反光标识。后部的车身反光标识应能体现机动车后部的高度和宽度，对厢式货车和厢式挂车应能体现货厢轮廓。

所有货车（半挂牵引车除外）和挂车应在侧面设置车身反光标识。侧面的车身反光标识长度应大于或等于车长的50%，对货厢长度不足车长50%的货车应为货厢长度。

五 汽车和挂车防护装置

总质量大于3500kg的货车（半挂牵引车除外）和挂车应提供防止人员卷入的侧面防护。货车列车的货车和挂车之间应提供防止人员卷入的侧面防护。侧面防护装置不可增加车辆的总宽。

总质量大于3500kg 的货车（半挂牵引车除外）和挂车（长货挂车除外）的后下部应装备符合规定的后下部防护装置，该装置对追尾碰撞的机动车应有足够的阻挡能力，以防止发生钻入碰撞。后下部防护装置的宽度不可大于车辆后轴两侧车轮最外点之间的距离（不包括轮胎的变形量），其下边缘离地高度不可影响车辆的通行能力。

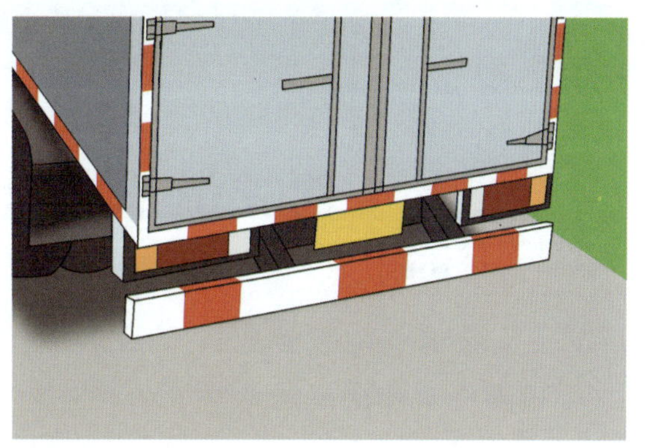

六 紧急切断装置

紧急切断装置是安装在液体危险货物罐车的液、气接口处的安全装置。当罐车出现管道破裂、阀体易熔塞熔化等紧急情况时，可在现场或一定距离之内控制紧急切断阀开启和关闭，以防止危险液体大量泄漏，避免或减少事故的发生。

按照规定，装运汽油、柴油、煤油、乙醇等17种易燃、腐蚀物品的在用液体危险货物罐车应当安装紧急切断装置。使用紧急切断装置时，要遵守以下操作规范：

（1）应经常检查紧急切断装置，确认无腐蚀、生锈、裂纹、松脱、渗漏等异常情况。

（2）装卸作业完毕后，应立即关闭紧急切断装置；运输过程中，应确保紧急切断装置处于关闭状态。

第三章 驾驶员不安全驾驶行为及危害

本章介绍了常见的违法驾驶行为和不文明驾驶行为及其危害。道路交通安全法律法规既是前人的经验总结，也是前人用鲜血和生命换来的规律和规则。遵守道路交通规则，安全文明驾驶，是为客户提供优质道路运输服务的前提，也是维护和谐交通的基础。

第一节 驾驶员常见违法驾驶行为及危害

本节介绍了超速行驶、疲劳驾驶、未按规定让行、违法超车和无证驾驶等八种常见违法驾驶行为的危害及产生的主要原因。驾驶员掌握常见违法驾驶行为的危害，有利于自觉加强守法行车意识。

一 超速行驶

俗话说“十次事故九次快”，超速行驶是最常见、也是非常容易引发交通事故的交通违法行为，在各种事故成因中居于首位。

1 超速行驶的危害

超速行驶使得驾驶员的视野变窄、动视力下降，以致车辆的行驶稳定性下降、制动距离增加，在转弯时易产生侧滑、侧翻，严重危害行车安全。

（1）制动距离增加。车辆的制动距离与车速有关，车速越高，车辆的动能越大，越容易“刹不住”。以某中型客车在不同初速度下从制动到停车为例，驾驶员的反应时间以0.8s计算，车速与制动距离的对应关系如图所示。

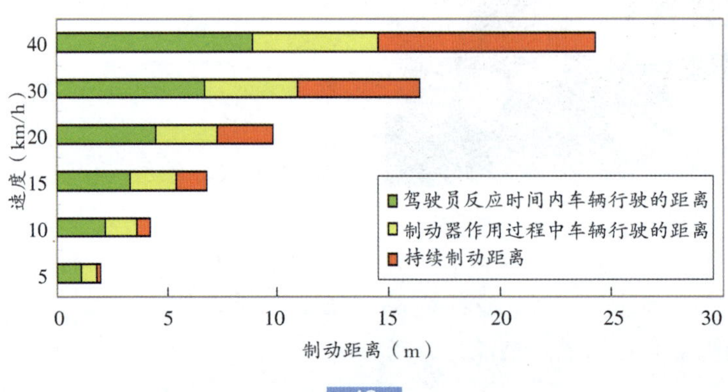

（2）车辆行驶稳定性变差。车速越高，轮胎与路面之间的摩擦力越小，尤其在湿滑或结冰路面行驶时，车辆非常容易发生侧滑、失稳、失控的危险。

车辆在弯道路段行驶时，由于离心力的作用，有向弯道外侧滑移的趋势，而转弯时速度越快，车辆受到的离心力就越大。当车辆行驶速度超过弯道平稳行驶的速度极限值时，车辆将偏离预定行驶轨迹，发生侧滑甚至侧翻，从而导致交通事故。

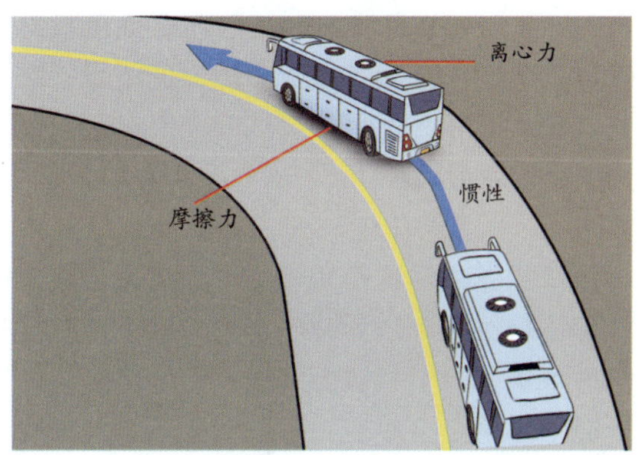

（3）驾驶员判断处置能力下降。车速越高，每一瞬间驾驶员接收到的交通信息越多，反应变得越迟缓，有效处理信息的能力下降，错误操作增多，更不容易控制好车辆。

（4）易出现占道行驶。汽车驶入弯道时，驾驶员为了提高视距和扩大视野常常靠近道路中心线行驶，在车速较快时，离心力可能会使弯道内侧行驶的车辆驶入对向车道，极易与对向来车发生碰撞事故。

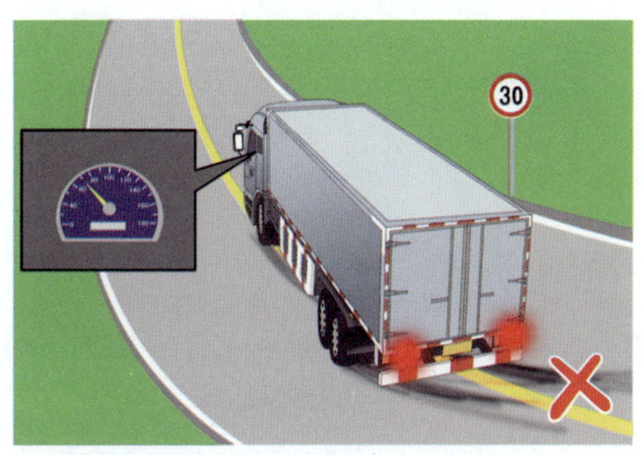

2 超速行驶的原因

超速行驶与驾驶员的不良心理状态、速度感知能力有关。

（1）急躁心理。当驾驶任务过重、行车计划发生改变、临近夜晚、天气突变、乘客催促或受经济利益驱使的影响，驾驶员会产生急躁心理，在这种心理状态下，驾驶员往往会超速行驶。

（2）争强好胜心理。部分驾驶员存在争强好胜心理，尤其是年轻驾驶员在驾驶技术性能较好的车辆时，易盲目超速行驶以炫耀车技。

（3）麻痹和侥幸心理。驾驶员在视线良好的平直道路上行驶，或者定线运输的驾驶员由于对沿线的路况比较熟悉，易产生麻痹和侥幸心理，即使遇到雨、雪等恶劣天气，仍然充满自信，不自觉地超速行驶。

（4）速度感知能力变化。驾驶员长时间行车后，尤其是在高速公路上长时间快速行驶后，对速度的感知能力下降，会不自觉地超速行驶。

二 疲劳驾驶

疲劳驾驶会导致驾驶员驾驶机能下降，一旦遇到突发事件，不能及时采取正确的应急处置措施，易引发道路交通事故。

1 疲劳驾驶的危害

疲劳驾驶时，驾驶员的观察能力、判断能力和操控能力会受到严重影响，为行车安全埋下隐患，其危害主要表现在以下几个方面：

（1）感知、判断能力下降。疲劳驾驶时，驾驶员容易发困、恍惚、注意力分散，听觉迟钝、视野范围减小，无法准确判断空

间距离、障碍物的远近距离和车速，对常见的安全风险“视而不见”。

（2）操控能力下降。驾驶员疲劳后，反应迟钝，动作变慢，动作的连贯性变差，车速和方向控制不稳定，在遇到突发的交通事件时，很难及时制动。

2 疲劳驾驶的原因

由于驾驶工作的复杂性，疲劳驾驶与驾驶员的生理机能（年龄、性别、性格、身体条件、驾驶经验）、生活习惯（睡眠、饮食）、道路环境（道路条件、交通情况）等诸多因素相关。

（1）生理机能。驾驶时间过长，驾驶员肌肉内部会产生超负荷的乳酸堆积，从而使驾驶员出现生理疲劳。轻微疲劳时，受意志力等因素的影响，驾驶员还可以顺利完成运输任务。若驾驶员为了赶时间，中途不休息或休息时间短，导致疲劳状况在较长的一段时间内不能得到缓解，反而使疲劳程度不断累加，将会引发驾驶机能下降。此外，驾驶员因感冒服用药物，或者因患有呼吸综合征睡眠质量不高，或者患有高血压、高血脂等疾病，容易出现疲劳驾驶。

（2）生活习惯。生活习惯不健康，睡眠、饮食、作息不规律，睡眠时间不足、睡眠质量不高等，都可能导致驾驶员在行车过程中出现疲劳状态。

（3）道路环境。驾驶员疲劳驾驶程度与行车的道路环境密切相关，如高速公路行车环境相对简单，驾驶员容易麻痹大意、注意力不集中，引起疲劳驾驶；山区道路则由于道路环境复杂多变，驾驶员处于精神高度集中状态，需要根据道路环境变化，频繁地进行制动、转向等驾驶操作，也容易引起疲劳驾驶。

疲劳驾驶原因及影响程度

疲劳驾驶原因	典型事例	影响程度
驾驶时间安排不合理	（1）长时间连续行车，中途不按规定休息； （2）经常在午后、深夜和凌晨等时段行车，与生理规律不相符	很大
睡眠质量差	（1）习惯性熬夜，睡眠时间很少； （2）起居环境不良，睡眠效果差	很大
驾驶环境差	（1）车内通风、温度不良，噪声过大； （2）长时间在路面条件差、环境复杂的条件下行驶； （3）长时间在单调环境下行驶	很大
生活环境与生活习惯	（1）家庭关系不和睦，精神负担重； （2）饮食不规律，不按时用餐或饮食过饱	较大
驾驶经验不足	驾驶经验不足、操作生疏、路况不熟悉，精神负担重	较大
身体条件不适应	（1）患有阻塞性睡眠窒息、高血压和高血脂等生理疾病或处于生理特殊时期； （2）急躁、情绪低落	较大

三 未按规定让行

为了增强行车安全，提高通行效率，《道路交通安全法》专门针对交叉路口通行、窄路或坡路会车等设定了各方交通参与者的道路通行权。然而，一些驾驶员无视道路通行权的规定，盲目争道抢先，导致道路交通事故多发。

1 未按规定让行的危害

行车过程中，驾驶员不按规定让行给行车安全埋下了隐患，其危害主要表现在以下几个方面：

（1）驾驶员的注意力往往集中于如何见缝插针、争道抢先，而不能全面观察周边的交通情况，容易出现急加速、紧急制动等不良操作，容易引发剐蹭、碰撞等事故。

（2）一些交叉路口存在安全视距不良、驾驶视线受阻的情况，驾驶员行驶至路口时，未及时减速，不遵守通行规则，容易形成交通冲突，干扰其他车辆的正常通行，甚至与通过路口的其他车辆发生碰撞事故。

案例

交叉路口视距不足，未提前减速引发恶性事故

2014年11月19日7时24分，驾驶员戴某驾驶一辆重型自卸货车沿尚未交付使用的烟台蓬莱国际机场连接线由南向北行至刘家庄村路段，遇张某驾驶一辆小型面包车沿通村公路平小线自东向西冲上机场连接路，两车相互躲避过程中重型自卸货车重心发生偏移向右侧翻，车体砸压在小型面包车上，所载沙子将小型面包车掩埋，造成12人死亡、3人受伤。

案例中，新机场路与临时土路交叉路口处，由于临时土路坡度过大、安全视距不足，驾驶员戴某和张某均不能在安全距离内发现对方，而两名驾驶员驾车行至交叉路口处，未提前减速；当戴某发现对方小面包车后向左紧急转动转向盘避让时，在离心力的作用下，车辆向右侧翻，压在小面包车左前顶部，倾倒的沙子将面包车掩埋，造成事故的发生。

（3）窄路会车时，尤其是临水临崖路段，由于道路路面窄，且临崖侧路基不稳，通行比较困难，如不按照通行规则会车，临崖侧车辆容易发生坠崖的危险。

2 未按规定让行的原因

未按规定让行与驾驶员不熟悉交通规则、存在不良心理状态有关。

（1）不熟悉交通规则。一些驾驶员没有熟练掌握道路通行规则的相关知识，不能领会道路通行权的内涵，无法正确辨识让行标志，导致行车时的抢行行为。

（2）急躁心理。当运输任务重、赶时间时，驾驶员会产生急躁心理，在这种心理状态下，驾驶员往往关注于加速快跑，频繁出现见缝插针、争道抢先的行为。

（3）寄托心理。在行车过程中，一些驾驶员将安全寄托于他人，主观认为其他机动车、非机动车和行人会主动让行，尤其是每次抢行成功后，为自己下一次的违法行为增添了信心。

四 违法超车

超车是行车过程中常见的一种驾驶行为，由于超车过程中需要占用对向车道，因此存在一定的安全风险。如果驾驶员不采取正确的超车方法，而从右侧超车、强行超车等，容易引发事故。

1 违法超车的危害

违法超车的危害主要表现在以下几个方面：

（1）驾驶员视线受阻形成盲区。受地形、地貌、道路线形等的影响，超车时驾驶员的视线会受到阻碍，特别是在弯道、交叉路口处，容易形成视野盲区，不能及时发现弯道后或者交叉路口内的交通状况，遇到危险情况易措手不及。

（2）占道行驶。对于同向单车道道路，超车需要占用对向车道加速行驶，遇到对向来车或超车距离不够时，易发生剐蹭、碰撞事故。此外，强行超车时，容易造成两车并排高速行驶，非常危险。

（3）超速行驶。超车时，必须在短时间内迅速提高车速，以致在一些情况下容易超过道路的限速规定，为行车安全埋下新的隐患。

（4）从右侧强行超车时，会占用非机动车道、碾压路肩等，无法与被超车辆保持足够的横向间距，容易引发剐蹭、碰撞和坠车事故。

2 违法超车的原因

违法超车与驾驶员对交通环境缺乏准确的判断、存在不良心理状态有关。

（1）对交通环境缺乏准确的判断。由于受到地形、道路线形等的影响，驾驶员的视线受阻，或者驾驶员的经验不足，未能辨识潜在的危险，而片面地认为已具备超车条件，盲目超车。

（2）逞能心理。部分驾驶员认为前方车辆速度太慢，而自身车技高超，完全有能力摆脱对方，并向对方炫耀驾驶技能，从而盲目超车。

五 无证驾驶

无证驾驶是指未合法取得驾驶证，或者驾驶与准驾车型不符的机动车等违法驾驶行为。

1 无证驾驶的危害

无证驾驶的危害主要表现在以下几个方面：

（1）未合法取得驾驶证的人员，由于缺乏对安全知识、驾驶技能的系统学习，不了解道路交通规则，且有时为了逃避执法检查，容易出现超速、闯红灯、占道行驶、随意加塞等危险驾驶行为。

（2）不同车型的机动车具有不同的行驶特性，其操控方法也会存在差异，如果驾驶员未参加相应的培训，未系统学习和掌握该类型机动车的安全驾驶知识、驾驶技能和应急处置知识，就不能熟练操控车辆，容易操作失误，引发交通事故。

2 无证驾驶的原因

无证驾驶与驾驶员缺乏法律知识，对行车安全的认知存在偏差有关。

（1）一些驾驶员在取得某种车型的驾驶证后，认为自己已经具备驾驶资格和驾驶技能，完全能够驾驭其他车型的车辆。

（2）一些驾驶员明明知道自己不具备相应的驾驶资格，但受经济利益驱使，心存侥幸，认为只要不被交通警察发现，临时帮忙完成短途运输任务不会有任何危险。

六 客车超员和货车超载

客车超员主要是指客车实际载客人员超过车辆核定的载客人数，货车超载主要是指货车实际载货质量超过车辆核定的载质量。

1 客车超员和货车超载的危害

客车超员和货车超载的危害主要表现在以下几个方面：

（1）增加车辆制动距离。客车超员和货车超载时，车辆实际载质量增大，行驶时的动能变大，相应地车辆的制动距离增大。

（2）车辆操控变得困难。客车的核定载客人数和货车的核定载质量是根据车辆的动力性、制动性能等各方面技术性能设定的，客车超员和货车超载会使车辆的动力性、制动和转向等性能受到影响，一方面使得车辆加速变得迟缓，行驶速度较慢，转向变得沉重，操纵困难；另一方面，下长坡时需要更大的制动力来控制行驶速度，而频繁的制动会使车辆制动系统出现热衰退，甚至发生制动失效的危险。研究表明，当超载200%时，制动器温度升高的速度比额定载荷时快1.44倍；超载400%时，制动器温度升高的速度比额定载荷时快2.33倍。

（3）加重事故危害程度。超员客车一旦发生事故，人员伤亡程度会变得更加严重，且容易形成群死群伤的重特大道路交通事故，社会危害大。

（4）损害道路设施。车辆超载时，其荷载可能超过了道路和桥梁的设计承受荷载，致使路面损坏、桥梁断裂，使用年限大大缩短。如近年来超载货运车辆导致桥梁、公路垮塌的事故时有发生。

案例

超载货车违规上高架，致上海市出现大面积拥堵

2016年5月23日凌晨0时30分许，一辆满载预制管桩及钢管的半挂汽车列车违法驶上有上海市交通主动脉之称的南北高架的中环路高架，在上海中环真华路至万荣路路段，货车撞击桥体后发生侧翻，车辆上装载的电线杆翻落桥面，导致中环高架路段主桥面翘起损毁，桥面最大高差处约40cm，现场车辆无法通行，同时造成当天上海早高峰交通大面积拥堵。技术专家分析，完成高架桥的修复工作预计需要2周时间。

高架高速道路的限制载重是15t，现场勘查发现，肇事货车所载的30多根预制管桩共计100多t，远远超过了高架桥的限制载重。根据《中华人民共和国刑法》第一百一十九条规定：破坏交通工具、交通设施、电力设备、燃气设备、易燃易爆设备，造成严重后果的，处10年以上有期徒刑、无期徒刑或者死刑。过失犯前款罪的，处3年以上7年以下有期徒刑；情节较轻的，处3年以下有期徒刑或拘役。肇事驾驶员已被警方控制，他不仅面临高额的经济赔偿，还可能因涉嫌“过失损坏交通设施罪”，受到刑事处罚。

2 客车超员和货车超载的原因

我国《道路交通安全法》、《中华人民共和国道路运输条例》等法律法规对载客和载货作出了明确的规定，但在实际运输过程中，违法载客或载货的现象屡屡发生，主要有以下几个方面的原因：

（1）客运的季节性较为明显，在节假日客流高峰时期，部分驾驶员认为在这段时间必须多拉快跑，把客运淡季的损失弥补回来，因而心存侥幸地在站外揽客，超员载客。

（2）一些农村客运班线的发车间隔时间长，缺少监管，驾驶员片面地认为多拉几名乘客对行车安全没有影响，还方便民众出行，而民众的安全意识淡薄，致使超员运输成为一种普遍现象。

（3）货物运输市场竞争激烈，运价较低，驾驶员片面地认为目前货车的技术性能好，适当超重不会影响行车安全，往往通过多装、多拉来获得更大的经济利益。

七 驾驶“带病”车辆上道路行驶

在行车过程中，车辆机件不符合安全技术标准时将无法发挥其应有的功能作用，从而引起车辆机械故障，导致交通事故。

1 驾驶“带病”车辆上道路行驶的危害

保持车辆技术状况良好是预防道路交通事故的重要措施。车辆轮胎、转向、制动等安全部件存在故障，为行车安全埋下隐患，易导致重大道路交通事故。

（1）轮胎故障。轮胎存在异常磨损、裂纹、割痕、鼓包、夹杂异物等现象，易引发爆胎、漏气，导致车辆转向困难、跑偏、失控，发生事故。

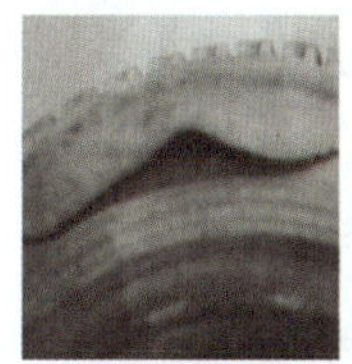
轮胎裂纹

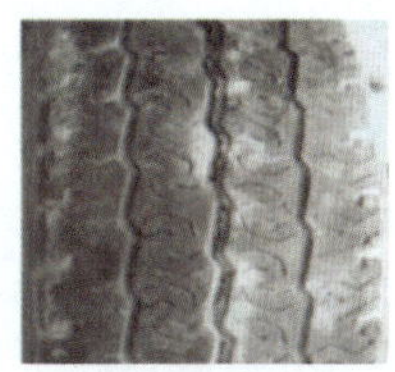
轮胎异常磨损

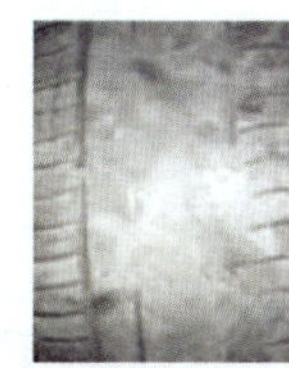
轮胎鼓包

（2）转向系统故障。转向系统转向助力泵失效、车轮定位不准、横直拉杆有裂纹，易引发转向沉重、车轮跑偏、转向失效，造成车辆失控。

（3）制动系统故障。制动系统气压不足、制动轮毂异常磨损、车辆前后轴制动力不均衡，易导致车辆制动跑偏、制动失效，无法停车。

（4）其他安全部件故障。汽车电气线路老化、龟裂、短路，输油管路泄漏，易导致车辆自燃。

2 驾驶“带病”车辆上道路行驶的原因

道路运输企业和驾驶员对车辆检查和维护的忽视，是导致车辆“带病”上路行驶的主要原因。

（1）部分道路运输企业和驾驶员片面地认为运输任务重，完全没有必要每天对车辆进行日常检查，也不按标准要求进行正常的车辆维护，不能及时发现和消除车辆的安全隐患。

（2）部分驾驶员在发现车辆出现故障后，为了节约维修费用，往往选择到一些不正规的修理店进行修理，维修工艺和车辆配件的不规范使用，使得车辆维修质量得不到保障。

（3）部分驾驶员盲目借鉴他人的行车经验，擅自改装车辆，比如加高货厢栏板、断开半挂牵引车前轮的制动、为行车制动系统增加喷淋装置、改装车辆灯具等，导致车辆技术状况发生变化，不符合标准的要求。

八 违法运输危险品

危险品是指具有爆炸、易燃、毒害、腐蚀性等危险特性，在运输、存储、生产、使用和处置中，容易造成人身伤亡、财产损失或环境污染而需要特别防护的物质和物品。违法运输危险品主要是指驾驶员在未取得相应的资质、车辆不具备运输危险品的技术条件等情况下，从事道路危险货物运输活动或者超经营许可范围开展危险货物运输业务。

1 违规运输危险品的危害

违规运输危险品主要有以下两个方面的危害：

（1）道路运输危险货物种类多、专业性强，驾驶员未接受专业系统培训，取得危险货物运输从业资格时，无法系统掌握危险货物的特性、运输要求、应急处置方法等知识，难以保障运输安全，且在发生事故时，不能及时采取有效的应对措施，会加剧事故的危害程度。

（2）危险货物运输车辆应具备较高的技术条件，需要配置熄灭火星装置、导静电拖地带等安全装置，此外，使用不符合货物运输技术要求的车辆运输危险货物时，由于车辆的密封、冷却等技术条件达不到要求，危险货物在运输过程中易发生泄漏或化学反应，引发恶劣的运输安全事故。

熄灭火星装置

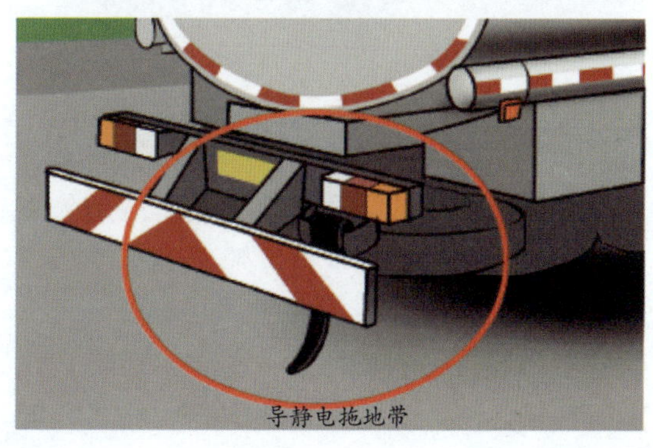
导静电拖地带

案例

违规运输危化品，货车发生自燃

2014年8月17日，驾驶员阙某驾驶一辆厢式货车在长沙卸完货后，为避免回程空跑，在长沙一家货运站承运了33t保险粉运往绍兴。当日15时左右，阙某从长沙出发，在株洲进入高速公路以后，一直下雨。8月18日早上，阙某在兰溪服务区休息，当时货车处于正常状态；上午8时30分左右，阙某驾驶厢式货车沿杭金衢高速公路往杭州方向行驶至离义乌出口5km处，发现货车尾部冒黑烟，立即靠边停车检查。由于车厢无法打开且开始出现火苗，阙某立即报警，随后救援人员赶到现场进行紧急处置。

保险粉，化学品名为连二亚硫酸钠，是一种白色砂状结晶或淡黄色粉末化学用品，主要用于工业印染。保险粉遇少量水或暴露在潮湿的空气中会分解发热，引起冒烟甚至燃烧并放出有毒的二氧化硫和大量热能。正是保险粉特有的化学特性导致了这起事故的发生。

根据规定，运输危险化学品需要获得专门的危险品运输车辆标志标识，并在当地道路运输管理机构办理《危险品车辆道路运输证》。如果要在高速行驶通行，还需要在高速公路所属交警部门办理《危化品运输通行证》。

2 违法运输危险品的原因

我国《危险化学品安全管理条例》、《道路危险货物运输管理规定》等法律法规明确规定，从事危险货物道路运输的驾驶员、押运员、装卸员等从业人员必须经交通运输主管部门系统培训、考核合格，取得相应的从业资格证件后，才能从事危险货物道路运输经营活动。驾驶员违法运输危险品的主要原因有以下几个方面：

（1）驾驶员虽没有相应的运输资质，但在高额经济利益的驱使下，不惜铤而走险，违法承接运输危险品业务。

（2）驾驶员对危险品运输的危害性认识不足，认为危险品已有专业的包装，与普通货物的运输要求相同，只要自己小心驾驶，不会出事故。

第二节 驾驶员不文明驾驶行为及危害

本节介绍了不礼让行人和骑自行车人、夜间滥用远光灯、随意变更车道、占用公交专用车道、快速车道慢行、随意停车、行车中接打手机等七种常见的不文明驾驶行为及其危害。不文明驾驶行为不仅影响道路交通秩序，还会诱发道路交通事故，因此，驾驶员了解不文明驾驶行为的危害，有利于自觉加强文明驾驶意识，纠正不良驾驶习惯。

一 不礼让行人和骑自行车人

行人这一群体数量众多，一些人或是出于对交通法规的漠视，或是贪图方便，常常

会横穿道路。骑自行车人的安全保障措施较差，容易逆行，且遇到前方障碍时往往会不顾后面的来车，突然改变行驶路线，占道行驶。驾驶员在遇前方有行人横穿道路或者骑自行车人占道行驶时，如不采取减速措施，而是鸣喇叭催促，或者加速抢行、绕行通过，非常危险。一旦发生交通事故，行人或骑自行车人会因为缺乏保护而受到重创甚至死亡。

为了减少行人伤害事故的发生，观察到前方有人行横道，或者注意到前方有行人横穿道路、骑自行车人时，尤其是发现儿童、老年人、追逐的青少年时，驾驶员应提前减速让行，必要时停车让行人、骑自行车人先通过。

二 夜间滥用远光灯

夜间行车过程中，驾驶员往往开启远光灯以增大视距，更好地观察前方的交通情况。但是，遇到对向来车或者近距离跟车行驶时，远光灯很强的照度容易使对向来车或者前车驾驶员因受到强光照射而产生炫目，导致无法看清路面状况，极易引发交通事故。

夜间行车时，在以下几种情况下要正确使用远、近光灯：

（1）在没有中央隔离设施或没有中心线的道路上会车时，在距对向来车约150m以外及时将灯光变换为近光灯。

（2）在照明情况良好的城区道路上或近距离跟车时，使用近光灯。

（3）在窄路、窄桥与非机动车会车时，使用近光灯。

三 随意变更车道、加塞

行车过程中，一些驾驶员为了赶时间或自认为驾驶技术高超，会随意、频繁变更车道，变更车道时若不提前开启转向灯，或是任意加塞，容易造成以下危害：

（1）干扰其他车辆的正常通行，降低道路通行效率，导致道路交通拥堵。

（2）由于随意变更车道时，其他车辆驾驶员难以及时领会其驾驶意图，导致安全距离不足，引发剐蹭、碰撞事故。

（3）随意变更车道、加塞的驾驶行为，容易刺激其他车辆驾驶员，引起情绪波动，诱发路怒驾驶。

案例

随意变道诱发路怒驾驶

2015年5月3日下午，成都市三环路娇子立交桥附近，女驾驶员卢某驾驶车辆变道驶出三环主路时，迫使张某采取紧急制动，导致坐在张某车内后排座椅上的孩子的脸碰在车窗上，哇哇大哭，张某的车辆也被逼出了三环主路。在驶入辅路后，张某加速紧逼卢某，但是卢某随后从另一侧紧贴过来，几乎将张某的车辆逼上人行道，也险些撞上路边一位行人。在一系列行车纠纷后，张某将卢某逼停并将卢某拖出车外，连续击打卢某头面部，致使卢某颈部、手臂、腿部和脸上都有明显瘀青，伴有脑震荡，且右肩骨折。经法医学鉴定，卢某伤情为轻伤二级。

事件发生后，张某因涉嫌寻衅滋事，被依法拘留。2015年8月21日，成都市锦江区人民法院对张某故意伤害案一审公开宣判，以故意伤害罪判处被告人张某有期徒刑8个月，缓刑一年。卢某也对行车中的鲁莽和不理智行为，诚恳地向社会道歉。

四 占用公交专用车道、非机动车道和应急车道

遇到交通拥堵或者交通情况复杂时，一些驾驶员往往会占用公交专用车道、非机动车道或应急车道通行，这些驾驶行为容易造成以下危害：

（1）公交专用车道是专门为公交车设置的，主要是方便公交网络应对交通高峰拥堵，提高公交车的通行效率。公交车站附近人员较多，常有等车人或下车人猛然跑出、横穿道路，若占用公交专用车道，不仅会影响公交车的通行效率，还容易引发安全事故。

（2）非机动车道是专供非机动车或行人通行的道路。占用非机动车道行驶容易造成机动车与非机动车混行，引发安全事故。

（3）应急车道是在城市环线、快速路及高速公路两侧施划，专供工程救险、消防救援、医疗救护或民警执行紧急公务等处理应急事务的车辆使用。占用应急车道通行会导致处理应急事务的车辆无法正常快速通过，造成紧急情况无法得到及时处置，危害社会。

五 快速车道慢行

驾驶员长时间在快速车道低速行驶，容

易造成以下危害：

（1）浪费道路资源，影响其他车辆的正常通行，甚至造成道路拥堵。

（2）长时间占用快速车道慢行的驾驶行为，容易刺激其他车辆驾驶员，引起情绪波动，诱发路怒驾驶。

六 随意停车

机动车保有量的增加以及道路停车泊位建设的相对落后，导致停车供需无法平衡。部分驾驶员贪图方便，不停车入位，而是占用车道或者人行道停车，这种驾驶行为会造成以下危害：

（1）影响其他车辆、行人正常通行，引起交通堵塞，还容易造成机动车与非机动车混行，引发安全事故。

（2）堵塞消防通道或者消防栓等安全设施，在发生火情时，消防车辆无法正常开展救援。

七 行车中接打手机

手机作为移动通信设备，随着通信技术、移动互联网络技术的快速发展，越来越受到人们的青睐。在行车中，驾驶员往往会接打手机、收发短信、查看微信等，这些驾驶行为会造成以下危害：

（1）驾驶员使用手机时需单手握转向盘，这样会降低对车辆的操控能力，尤其是遇到突发情况时，难以有效操控车辆。

（2）驾驶员容易分散注意力，不能准确观察周围的交通环境，无法感知潜在的行车风险，遇突发情况时，难以及时有效地应对。

 小知识

行车中接打手机的危害

通过对不同手机使用方式所对应的交通风险的研究发现，收发短信的交通风险最高，其次是阅读短信或微信，最后是接打手机。相关研究表明，开车时接打手机与醉酒驾驶一样危险，其发生交通事故的风险比没有使用手机的驾驶员高出4.3倍，电话接打完毕后的15min内发生交通事故的风险比没有使用手机时高出1.3倍。

第四章 道路运输风险与预见性驾驶

本章介绍了驾驶员不安全状态和行为、车辆不安全状态、典型道路条件和特殊天气条件等的道路运输风险特征，以及不同行驶状态、典型道路环境和特殊天气条件下的预见性驾驶方法。

第一节 道路运输风险知识

本节介绍了道路运输活动中驾驶员因素、车辆因素、道路条件、天气条件等所对应的危险特征。驾驶员掌握道路运输环境中各影响因素的危险特征，是树立安全意识、采取预见性驾驶、确保行车安全的前提。

一 驾驶员不安全状态的危险特征

驾驶员的心理和生理状态是影响安全驾驶的重要因素之一。行车中，驾驶员应及时调节不良心理，保持良好的驾驶心理状态，确保行车安全。

驾驶员不安全状态的危险特征

危险源		危险特征
心理状态	“以我为中心”心理	（1）认为自车的车体较大，其他车辆必须避让自己，很少顾及自身驾驶行为对周边车辆造成的不良影响； （2）为了方便来回变更车道，长时间骑压车道线行驶； （3）在道路出口处不按次序排队，而是在出口处强行加塞； （4）当其他车辆不让行时，还认为是对方不懂事，辱骂对方甚至采取报复性驾驶行为
	急躁心理	遇到交通拥堵、连续遇红灯等交通状况时，性情开始变得急躁，容易出现频繁变更车道、在路口抢行等危险驾驶行为
	易怒心理	（1）无法容忍他人的不良驾驶行为，易产生不满或愤怒情绪； （2）遇前方车辆长时间骑压车道线行驶，鸣喇叭催促； （3）遇其他车辆强行加塞，挤加塞车辆； （4）夜间会车时对向来车不关闭远光灯，开远光灯对射

续上表

危险源		危险特征
心理状态	争强好胜心理	驾驶车辆时，盲目地争强好胜，出现超速抢行、强行超车、开“英雄车”等危险驾驶行为
	盲目从众心理	发现其他车辆不遵守交通法规，采取抢行、加塞、占用应急车道等危险驾驶行为，模仿他人
生理状态	疲劳驾驶	影响到驾驶员的注意、感觉、知觉、思维、判断、意志和操控能力等诸多方面
	饮酒或醉酒驾驶	（1）导致驾驶员视觉能力变差，注意力、判断能力下降，反应变得迟钝，错误操作增多； （2）容易高估自己的能力，不理睬他人的劝告，行为变得草率，倾向于采取冒险的驾驶行为
	疾病	（1）在重感冒、发烧等不适情况下开车，注意力和反应力会大大降低，动作不协调，动作准确性下降； （2）患有高血压的驾驶员，容易疲劳，血压控制不好会出现头疼、头晕等症状，此时注意力和反应力下降，还会因外界刺激而产生情绪波动； （3）患有高血脂的驾驶员，因血液黏稠容易疲劳，注意力和反应力下降
	服用药物	吸食、注射毒品或者服用镇定、止痛类药物后，驾驶员的反应会变得迟钝，注意力分散

二 驾驶员不安全行为的危险特征

1 违法驾驶行为

在近几年发生的重特大道路交通事故中，95%以上的交通事故中存在驾驶员违法驾驶行为，违法驾驶是引发道路交通安全事故的重要原因之一。道路客货运输驾驶员较为典型的违法驾驶行为包括超速行驶、违法装载（客车超员、货车超载、货车违法载客）、驾驶“带病”车辆上道路行驶、违法超车、占道行驶或逆向行驶、疲劳驾驶、酒后驾驶、行车中接打手机、未按规定让行、无证驾驶、违法停车和倒车等。

违法驾驶行为的危险特征

危险源	危险特征
超速行驶	（1）增加汽车的停车距离； （2）驾驶员的视野变窄、反应时间延长； （3）车辆行驶时的操纵稳定性下降，尤其在湿滑或结冰路面行驶，容易出现车辆侧滑； （4）车辆在弯道超速时，受到的离心力增大，易出现车辆侧翻； （5）长时间高速行驶，车辆轮胎等安全部件易出现性能异常
违法装载	（1）构成车辆或货物的不安全状态，影响车辆操控性能； （2）增加事故危害程度
违法超车	（1）必须借用左侧相邻车道或占用对向车道行驶，与其他车辆形成交通冲突； （2）超越前车时可能会出现超速行驶； （3）超车后，返回车道时与被超车辆安全距离不足； （4）前方视线不良，没有全面观察交通情况而盲目超车
占道行驶或逆向行驶	与对向来车形成交通冲突
疲劳驾驶、酒后驾驶、行车中接打手机	驾驶员注意力分散、反应时间延长、操控能力下降，误操作增多

续上表

危 险 源	危 险 特 征
未按规定让行	（1）与其他车辆形成交通冲突； （2）驾驶员集中精力于抢行，忽视了对交通状况的全面观察
无证驾驶	（1）驾驶与准驾车型不符的车辆，驾驶员缺乏安全操控知识和技能； （2）无资质从事运输活动，驾驶员缺乏安全运营的知识和技能
违法停车或倒车	（1）在行车道内停车或在高速公路停车上下客，影响后续来车的正常通行； （2）未按规定正确摆放危险警告标志或开启车灯，使其他交通参与者不能正确辨识潜在的风险； （3）错过路口时，冒险倒车，与后续来车形成交通冲突

2 驾驶员操作不当

在行车过程中，驾驶员不能根据道路交通状况的变化，准确操控车辆的转向、制动和挡位等，控制好车辆的行驶位置、行驶方向、速度和安全距离，给行车带来安全隐患，甚至引发事故。

驾驶员操作不当的危险特征

危 险 源	危 险 特 征
车辆行驶路线与位置不当	（1）骑压道路中心线行驶或占道行驶，尤其是在转弯路段，与对向来车形成交通冲突； （2）长时间骑压车道分界线行驶，使后续来车不能正确理解其行驶意图，并产生不良情绪； （3）长时间占用快速车道慢行，迫使其他机动车变更车道或强行超车，易使对方产生不良情绪； （4）转弯时，不注意内外轮差，不能安全通过； （5）路基松软路段，车辆与路侧距离过近，易发生侧翻
转向操控不当	（1）快速通过转弯路段时，易出现转向过度或转向不足，发生碰撞或坠车； （2）遇其他交通参与者突然横穿道路，紧急转动转向盘避让，车辆易失稳或发生碰撞、坠车； （3）遇对向来车占道行驶，紧急转动转向盘避让，车辆易失稳或发生碰撞、坠车
制动操控不当	（1）在湿滑或结冰路面上紧急制动，易发生侧滑； （2）下长坡时，频繁使用行车制动，易出现制动热衰退
挡位使用不当	（1）上坡时车辆挡位使用不当，出现熄火溜车； （2）下坡时使用高速挡，未充分利用发动机阻力制动，被迫频繁使用行车制动
会车操作不当	（1）会车时未提前减速，在高速状态下向右避让，出现转向过度； （2）在坡路、临崖路、障碍物路段会车时，未按规定让行，易发生碰撞或坠车

三 车辆不安全状态的危险特征

与小型汽车相比，道路客货运输车辆的长、高等尺寸较大，使用强度相对较高，机件容易出现故障，给车辆运行带来安全隐患。

车辆不安全状态的危险特征

危 险 源	危 险 特 征
车辆技术参数的影响	（1）车身高度、宽度尺寸较大，驾驶员盲区大； （2）车体重心高，行驶稳定性变差，转弯速度过快易发生侧翻； （3）车辆自重较重，惯性力较大，停车距离长，事故危害程度大； （4）车身较长的车辆，转弯时占用的空间大

续上表

危险源	危险特征
车辆运行状态的影响	（1）发动机舱温度过高，易引发火灾； （2）行驶中车身振动大，易使货物产生位移
车辆制动系统故障	（1）制动盘（鼓）、管路等存在故障，易造成制动失效； （2）驻车制动器效能降低，坡路驻车能力下降，容易发生溜车
车辆转向系统故障	（1）转向盘自由行程过大，易出现转向不足或转向过度； （2）转向助力失效时，转向盘操控困难
车辆传动系统故障	（1）离合器自由行程过大，分离不彻底，挂挡操作困难； （2）变速器挂挡困难、易脱挡，车辆难以正常行驶
车辆照明、信号装置故障	（1）低能见度情况下，前照灯损坏会影响驾驶员观察； （2）转向灯损坏，不能正确传递行车意图
车辆行驶系故障	（1）车辆悬架、减振系统故障，车辆经过凹凸不平路段，车身颠簸严重； （2）轮胎气压不符合要求，异常磨损，与路面的附着能力下降，易发生爆胎
其他安全部件失效	（1）车速表故障，驾驶员不能准确判断行车速度； （2）后视镜破损，会影响驾驶员观察； （3）刮水器失效，在雨雪天会影响驾驶员视线； （4）安全带织带破损、不能正常系扣，发生碰撞、翻车等事故时，无法保护乘员的安全； （5）灭火器、安全锤等应急工具缺失，使火灾时的应急处置变得困难； （6）车身反光标识缺失，其他机动车驾驶员在夜间无法正确辨识
客车行李物品不安全因素	（1）随车携带易燃、易爆等危险物品，易引发火灾、爆炸等事故； （2）行李物品占用安全通道或堵塞安全出口，影响紧急情况下的安全逃生； （3）行李物品摆放不正确，从行李架掉落，易造成乘员伤害
货物的不安全因素	（1）货物堆码过高，提高整车的重心，行驶稳定性变差； （2）货物覆盖不严或固定不当，易脱落或遗撒，影响后方来车的正常通行； （3）没有按照货物运输要求采取相应的防范措施，导致货物处于不稳定状态

四 典型道路条件的危险特征

城市道路、高速公路、山区道路、乡村道路等不同类型的道路，由于道路线形、路面条件、交通安全设施、交通参与者等特点不同，车辆运行时所面临的风险也会不同。

道路条件不安全因素的危险特征

危险源	危险特征
城市道路	（1）交叉路口机动车、非机动车、行人混行，交通冲突点较多； （2）车辆进出主辅路时，驾驶视线会受灌木丛、树木等的阻挡，且会与其他车辆形成交通冲突； （3）公交站点人员密集，行人会从停靠的公交车前侧横穿道路，或者为追赶公交车而不顾及周边的交通情况； （4）出租汽车遇到路侧乘客招手时，会突然靠右侧停车，与其他车辆行车交通冲突； （5）路段施工造成行车道减少、路面不平整，影响机动车的正常通行； （6）交通高峰时期，会出现车辆突然变更车道或强行加塞的情况； （7）井盖附近的路面因长期碾压出现凹凸不平，高速状态下碾压易产生爆胎，高速时急转向避让则易发生事故； （8）雨季或大暴雨后，城市地下疏水系统工作状况不良，易导致桥涵路面积水，影响机动车正常通行

续上表

危险源	危险特征
高速公路	（1）长时间高速行驶，驾驶员对速度的感知能力下降，易超速行驶； （2）长时间高速行驶，轮胎温度上升，易发生爆胎； （3）高速情况下，突然遇到行人、动物或行车道内有障碍物，处置不当易发生事故； （4）在路侧临时停车，且不采取安全处置措施，不易被后方来车辨识，造成追尾事故； （5）雨雪天高速路上车流较少时，容易超速行驶，车辆行驶稳定性下降； （6）秋季，临近河流、湖边的高速公路易出现团雾，影响驾驶视线； （7）路侧的农田焚烧秸秆产生烟雾，影响驾驶视线
山区道路	（1）道路依山而建，等级较低，路面狭窄，坡度较陡，多急弯； （2）上坡时，需要车辆有较大的驱动力，挡位使用不当，会导致发动机熄火、溜车； （3）在上坡路段临时停车处置不当，易溜车； （4）下长坡频繁使用行车制动，易导致制动失效； （5）转弯路段，驾驶员视线易受阻； （6）转弯路段，占道行驶，与对向来车形成交通冲突； （7）部分临崖路段的路面狭窄，会车操作不当易发生坠车； （8）雨季或者久旱暴雨后，可能会出现山体滑坡、落石、泥石流、路基松软，靠近路侧行驶易造成路基塌陷； （9）秋季和海拔较高处，易出现团雾，影响驾驶视线
隧道	（1）车辆进入较长的隧道时，隧道内的光线骤然变暗，驾驶员会有一个暗适应的过程； （2）车辆在双向行驶的隧道内行车时，对向来车未变换使用远光灯，会使驾驶员造成炫目； （3）在隧道出口处，车辆可能会受强烈横风的影响
桥梁、涵洞	（1）高架桥的桥体有最大承重能力要求，通行车辆超过桥体总质量限值或轴重限值时，会造成桥体垮塌； （2）立交桥或桥涵有限高要求，车辆超高会撞跨桥体； （3）在跨度较大的高架桥或跨海大桥上行驶时，会遇到强烈的横风影响
乡村道路与城乡接合部	（1）乡村道路的等级相对较低、路窄、照明条件差，缺乏养护，夏季容易形成扬尘，雨天容易出现泥泞坑洼、路基松软； （2）交叉路口常常无信号灯控制，且行人、非机动车、摩托车、农用车、大型货车等形成混合交通； （3）群众的安全意识普遍较差，易出现抢行或突然横穿道路的情形； （4）农村赶集时，往往会出现摊位占道、人员拥挤和交通拥堵； （5）占道晒谷物等农作物，影响机动车正常通行； （6）道路交通标志和标线、夜间照明等交通安全设施不完善

五 夜间和特殊天气条件的危险特征

夜间、雨天、雾天、雪天、高温天气等不同天气条件下，由于能见度、路面条件、交通参与者等特点不同，给车辆运行带来不同的安全隐患。

夜间和天气不安全因素的危险特征

危险源	危险特征
夜间	（1）驾驶员的视野仅限于车灯能够照射到的地方，视野变窄，对速度和距离的判断能力变差； （2）会车时，对向来车未变换使用远光灯，易造成炫目； （3）近距离跟车行驶时，后车未变换使用远光灯，易使前车驾驶员造成炫目； （4）在午夜以后或者夜间长时间行车后，驾驶员易出现疲劳驾驶

续上表

危险源	危险特征
雨天	（1）穿雨衣或打雨伞的人，可能听不清汽车靠近的声音或喇叭声，视线只盯着路面，忽略了对周边情况的观察； （2）骑自行车人为了避开水坑，可能会突然改变方向，甚至占用行车道； （3）雨天路面湿滑，轮胎附着能力下降，高速行驶时易出现“水滑”现象； （4）雨天行车时，风窗玻璃和车窗容易形成水雾，影响驾驶视线； （5）雨天气温低于0℃时，路面易结薄冰
雾天	（1）雾天驾驶视线受阻，观察周边交通情况比较困难，行车方位的辨识较为困难； （2）汽车使用远光灯、后雾灯时，使其他驾驶员产生炫目
雪天	（1）轮胎与路面的附着能力较差，车辆急转方向、急加速和急减速操作时，易发生侧滑； （2）行车道积雪易融化，行人和骑自行车人会占用行车道； （3）路面被积雪覆盖，难以辨识行车道，难以选择行车路线和位置； （4）雪后初晴，迎着阳光行驶，易引起驾驶员炫目
高温天气	（1）重载车辆行驶过程中，冷却液温度容易超过正常工作温度； （2）入睡晚或长时间使用空调，驾驶员会觉得浑身无力，产生驾驶疲劳； （3）轮胎温度升高，胎压随之增大，易发生爆胎； （4）汽车的电路、油路等易出现线路软化、短路和漏油等情况，引起汽车自燃； （5）清晨和傍晚外出散步和纳凉的人群较多

第二节 不同行驶状态下的预见性驾驶

本节介绍了跟车行驶、会车、超车、变更车道、转弯、倒车、掉头和停车等八种典型行驶状态下的预见性驾驶方法。不同的行驶状态中存在着不同的安全隐患，驾驶员若判断不准确、决策不当，容易引发交通事故，因此，驾驶员针对不同行驶状态下的危险特征，采取预见性驾驶，有利于保障行车安全。

一 跟车行驶

跟车行驶时，驾驶员未及时、准确地判明前方情况，与前车的安全距离保持不足，容易发生追尾事故。因此，驾驶员需要观察、判断前车的速度和行驶意图，并可通过观察前方其他车辆的行驶状态变化来辅助判断；跟随大型汽车行驶时，需要适当增大安全距离。

根据经验，与前车的安全距离应至少保持与当前行驶速度的数值相同（即当前车速为50km/h时，安全距离应至少为50m）或者至少保持当前速度下车辆3s所能行驶的距离。道路运输车辆的惯性普遍较大，尤其在满载情况下，需要的制动距离更长，因此，跟随小型汽车行驶时，由于小型汽车的制动效能高，驾驶员要注意适当增大跟车距离。在湿滑路段行驶时，轮胎与路面的附着力下降，车辆制动时的停车距离更长，因此，需要与前车保持更大的安全距离。

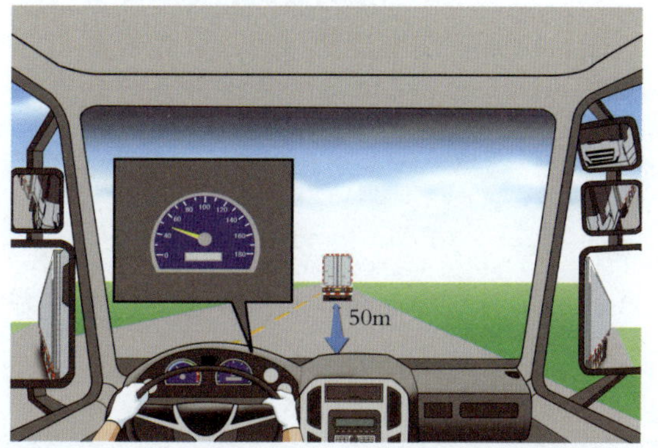

遇有情况需要减速时，尽量避免紧急制动，而是先轻踏制动踏板打开制动灯来提示后车，给后车驾驶员留出足够的反应时间。

行驶中，如果不需要加速，驾驶员应及时将右脚放置在制动踏板上，这样可以缩短反应时间，尤其在遇到紧急情况时会更加安全。

二 会车

会车地点选择不合适或车辆行驶速度和会车时方向控制不当，容易引发正面碰撞、剐蹭、坠车等事故。

准备会车时，驾驶员要提前观察和判断对向来车的车型、行驶速度和装载情况，前方道路的路面宽度、道路条件，以及周边的行人、车辆等。

会车时，根据双方车辆及道路上的交通情况，提前降低行驶速度，选择合适的交会地点，靠道路右侧行驶，保持足够的横向安全间距。前方有障碍物或者遇窄桥、坡道、临崖路段、弯道时，有条件的一方要停车让对方先通过，必要时由专人指挥。

遇对向来车占道行驶时，提前降低行驶速度，鸣喇叭或交替使用近、远光灯提示对方，密切观察对向来车和后侧的动态情况，不可盲目避让。

三 超车

在不具备超车条件的路段强行超车、前车不让超车时仍强行超越、从前车右侧超车以及超车时横向间距保持不足等，容易引发正面碰撞、剐蹭和坠车等事故。

驾驶员要选择道路宽直、视线良好、对面无来车且道路两侧无影响超车障碍物的路段进行超车，禁止在弯道、坡道、交叉路口等危险路段超车。

准备超车时，应与前车保持一定的安全距离，观察后侧情况，提前开启左转向灯，夜间还需变换远、近光灯示意；前车让超车且在不妨碍其他车道内车辆正常行驶的情况下，加速从前车左侧超越；超越后，开启右转向灯，及时返回原车道。

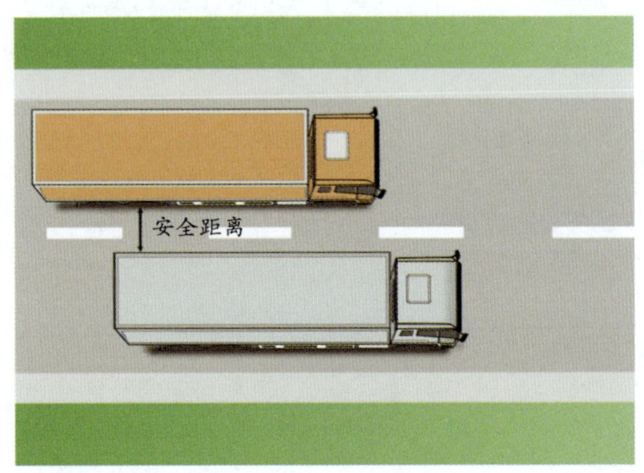

行车中，当观察到后侧跟随行驶的车辆示意超车时，尤其自车占用快速行驶的车道时，在条件允许的情况下应及时减速靠右侧让行，给超车车辆预留出足够的超车空间。

遇对向来车强行超车时，提前降低行驶速度，鸣喇叭或交替使用近、远光灯提示对方，密切观察对向来车和后侧的动态情况，不可盲目避让。

四 变更车道

在变更车道时，不观察车辆两侧和后方道路交通情况，不提前开启转向灯示意而突然强行变道等，容易引发剐蹭、追尾碰撞事故。

变更车道时，应至少提前3s开启转向灯提醒后方来车，同时，注意观察要变入车道内前后方车辆的情况，确认有足够的安全空间后，缓慢转向驶入相应的行车道。

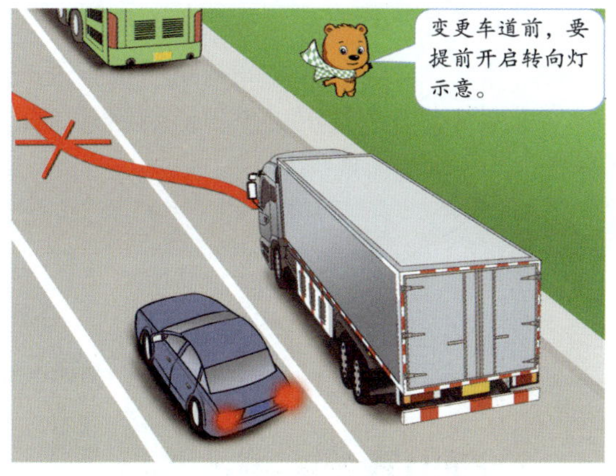

当观察到后侧来车准备变更至自车所在的车道时，应保持车速或适当减速让行，预留出足够的安全距离，让其安全变更车道。

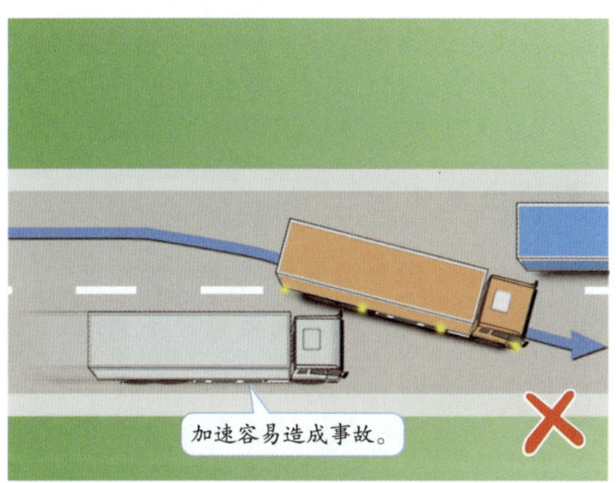

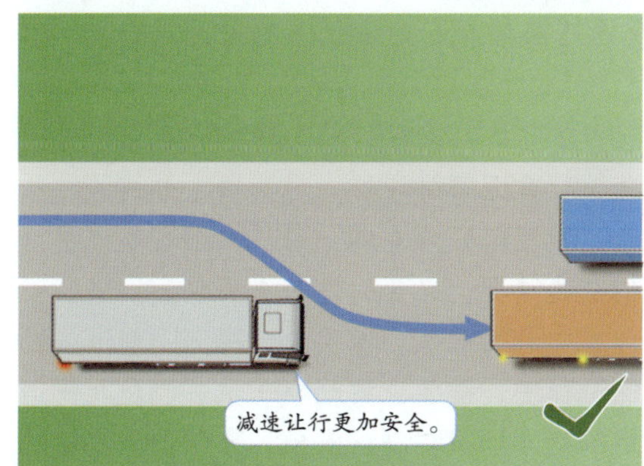

遇前方道路有出入口时，应注意观察两侧车辆的动态，控制好车速，防止侧面的车辆突然变更车道。

五 转弯

车辆转弯时，行驶速度太快，容易出现以下危险：一是，轮胎失去附着力，车辆易发生侧滑，直接滑出路面，发生坠车事故；二是，轮胎虽然有附着力，但重心高的车辆因离心力的作用易发生侧翻事故。因此，驾驶员观察到转弯标志，尤其是急转弯和连续转弯标志时，应提前降低车速，缓慢转向，保持在右侧车道行驶。

车辆转弯时，前内轮转弯半径与后内轮转弯半径之间存在偏差，因此，后轮并不是沿着前轮的轨迹行驶。大型车辆和汽车列车的车身较长，内轮差也就更大。车辆转弯时，如果只注意前轮通过，而忽视给后轮留出足够的空间，就可能造成后内轮剐蹭行人、车辆或路侧的树木、电线杆等。因此，驾驶员要提前降低车速，选择好行驶路线，全面观察周边的情况。

通过右转弯路段时，驾驶员应提前降低车速，视线以右侧路肩为参照，适当靠近道路中心线行驶，以扩大视线范围，转小弯通过。通过左转弯路段时，应提前降低车速，视线以道路中心线为参照，靠近道路的右侧行驶，以扩大视线范围，转大弯通过。

急弯路段的转弯半径较小，大型车辆或汽车列车通过较困难，往往需要占道行驶，因此，进入弯道前，尤其是进入急转弯和连续转弯路段，驾驶员应提前减速，开启危险报警闪光灯，鸣喇叭，夜间还可通过变换远、近光灯提醒对向来车；转弯路段视线受阻时，应由随行人员下车指挥，安全通过。

六 倒车

倒车时，驾驶员未观察到周边的车辆、行人或高空的电线等，容易发生碾压、刮蹭事故。因此，倒车前，驾驶员需要下车检查车辆周边的情况，最好请有关人员指挥倒车。倒车时，利用后视镜找好参照物，保持较低的速度，同时通过后视镜观察车辆后方、两侧和上方的情况，发现影响倒车的障碍物时，及时避让或停车。

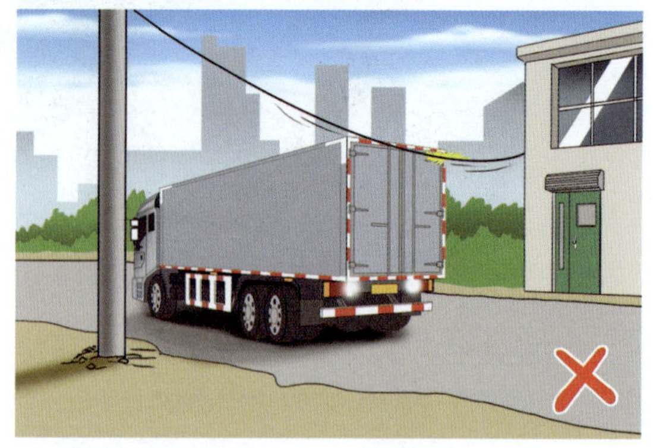

在高速公路、主干道行驶，错过出口时，驾驶员往往选择倒车逆行，非常危险。

案例

高速路口违法倒车，引发追尾事故

2013年8月2日10时左右，驾驶员尹某驾驶一辆大型客车沿温丽高速行驶，客车行驶至丽水段往金华方向转长深高速匝道口富岭互通处，尹某因错过了高速路出口，于是将客车停在行车道上，然后在车内部分乘客的指挥下开始倒车，导致后面驶来的半挂牵引车追尾并发生两车侧翻事故，驾驶员和10余名乘客被甩出车外，造成1人死亡、22人受伤。

案例中，驾驶员尹某在高速公路行车道内违法停车和违法倒车的行为是引发追尾事故的主要原因。

七 掉头

在交叉路口或某个路段掉头时，过往的车辆、行人及路侧的设施会给掉头带来危险。驾驶员要尽量选择交通流量小、道路较宽能一次完成掉头的地段和路口进行掉头，减少对正常通行的车辆和行人的影响。严禁在人行横道线、铁路道口、窄路、弯道、桥梁、隧道、涵洞、高速公路和有禁止掉头标志的路段掉头。

在设有隔离设施、允许掉头的路段或路口掉头时，提前开启左转向灯，向左侧变更车道，确认安全后按交通标志的指向完成掉头。在无隔离设施、允许掉头的路段掉头时，要提前开启左转向灯，仔细观察道路上的交通情况，必要时停车进行观察，确认安全后再进行掉头。掉头时，每一次前进或后倒过程中，都要认真观察车辆后侧及两侧道路的交通情况并确认安全，充分考虑车辆的前端、后端以及与障碍物的距离，以防发生意外。

八 停车

未在安全区域停车，以及停车时未正确采取安全措施，容易引发追尾碰撞、溜车等事故。

驾驶员要选择路基坚实、不影响其他车辆安全通行的路段停车，不得在以下路段停车：

（1）在设有禁停标志、标线的路段，在机动车道与非机动车道、人行道之间设有隔离设施的路段以及人行横道、施工地段。

（2）高速公路、交叉路口、铁路道口、急弯路、宽度不足4m的窄路、桥梁、陡坡、隧道以及距离上述地点50m以内的路段。

（3）公共汽车站、急救站、加油站、消防栓或者消防队（站）门前以及距离上述地点30m以内的路段。

停车时，应拉紧驻车制动器操纵杆，开启危险报警闪光灯（夜间、雾天等视线不良的情况下，还需开启示廓灯），正确摆放危险警告标志。在坡路临时停车时，还应用掩木垫在轮胎下（上坡掩在轮胎后侧、下坡掩在轮胎前侧），挂好挡位（上坡挂低速挡、下坡挂倒挡），并向车后安全的一侧转动转向盘，防止车辆向路侧溜车造成坠车危险。

因车辆故障、发生事故等需要在坡道、弯道等驾驶视线不良的路段临时停车时，应在车辆前侧和后侧的合适位置同时摆放危险警告标志，向其他车辆驾驶员发出警示信息。

驾驶员不得在行车道内停车，在高速公路临时停车时，应尽量选择在服务区或者紧急停车带内停靠，并采取必要的安全措施。因发生事故必须占用行车道停车时，应及时开启车辆灯光信号，按规定摆放危险警告标志，向其他车辆驾驶员发出警示信息。

案例

随意靠边停车换人，引发追尾事故

2016年农历正月初二，全国上下都笼罩在节日的气氛中。14时30分左右，叶先生驾驶小轿车带着妻子管女士由宁波驶往江西探望岳父母。当车辆行驶至甬金高速公路嵊州境内时，叶先生感到疲劳，便在高速公路的路肩上停车换人。叶先生和管女士先后下车，叶先生先坐进了副驾驶室，管女士从右侧下车后绕到车辆的左侧，打开车门，还没来得及进入驾驶室，便被后面驶来的大型客车追尾相撞。巨大的撞击力将管女士撞出了10余米远，两车黏合在一起继续前行了近100m才停住，还撞上了右侧的边护栏。管女士当场身亡，叶先生也受伤不轻，被送到重症监护室抢救。

案例中，叶先生随意在高速公路的一个下坡转弯路段临时停车，在停车后的短短30s内，驾驶员王某驾驶一辆大型客车行经事故路段，在欠身拿香蕉时，带动了左手握着的转向盘，致使车辆向右偏，驶入硬路肩，与叶先生的车辆发生追尾碰撞。

第三节 典型道路交通环境下的预见性驾驶

本节介绍了在立交桥、隧道、山区道路、高速公路、城乡接合部、乡村道路、进出客运站场以及夜间等道路交通环境下的预见性驾驶方法。行车中，不同的道路运输环境中存在着不同的安全隐患，驾驶员判断不准确或决策不当都会增加交通事故的发生概率。因此，驾驶员针对不同道路运输环境的危险特征，采取预见性驾驶，有利于保障行车安全。

一 通过立交桥、桥涵和漫水桥

立交桥或桥涵往往有限高或限宽要求，车辆驶近该路段时，驾驶员应注意限高和限宽标志，保证车辆的安全空间，必要时绕道行驶，避免撞跨桥体或被卡在桥涵里。当车辆高度与桥梁或者天桥的高度很接近时，驾驶员应先下车探查，确认安全后再低速缓慢通过。

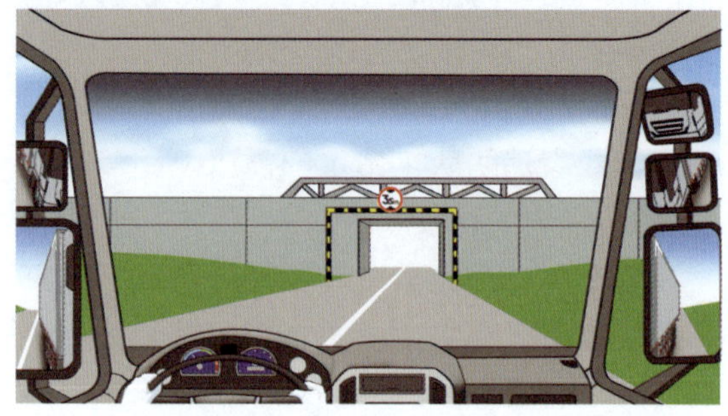

桥体有最大承重能力设计，驾驶员在进行路线规划时，应提前了解沿路的桥梁及其桥体承重情况，合理确定行车路线，避免造成桥体垮塌。

限制宽度

限制高度

限制质量

限制轴重

超载货车压垮大桥，承担巨额经济赔偿

2011年7月19日零时，驾驶员张某驾驶一辆重型半挂牵引车，自怀柔区某沙场装运145.5t砂石（核载31.5t）后，运送至某修路工地。张某无视路侧的限重标志，驾车由南向北经过宝山寺白河大桥第一跨时，白河桥第一孔桥梁垮塌，并瞬间呈“W”波浪形整体坍塌，部分桥体折断。经事故鉴定，重型半挂牵引车装运145.5t砂石，超载110余t，也严重超过白河桥30t的承载能力。车辆严重超载是导致桥梁垮塌的直接原因。

人民法院一审判决，以交通肇事罪判处张某有期徒刑4年，并判令张某与肇事车辆所有人曹某父子，赔偿桥梁毁损造成的经济损失1556万余元。张某家中除妻子外，还有老母亲和2个未成年的孩子，张某驾车的收入是家中唯一的经济来源，张某违法超载运输导致桥梁垮塌，所造成的1500余万元的连带经济赔偿，是这个经济拮据的家庭根本无法承受的。

车辆在跨度较大的高架桥或跨海大桥上行驶时，易受到强烈横风的影响。驾驶员应控制好车速和握稳转向盘，并与侧面的车辆保持足够的横向间距。

雨季或大暴雨后，城市地下疏水系统不良容易导致桥涵路面积水。遇桥涵路面积水时，应先探明积水深度再通行，必要时选择其他路线改道通行，不要盲目涉水行驶。

通过漫水桥、险桥等危险地段时，驾驶员应先停车观察，确认安全后，组织旅客下车步行过桥，车辆在引导下低速通过；如果洪水或河水漫过桥面情况严重时，应及时向单位报告，绕道行驶，不得冒险通过。

二 通过隧道

白天行车，车辆进入较长的隧道时，隧道内的光线骤然变暗，驾驶员会出现短暂的“失明”，容易发生追尾碰撞、撞击隧道入口固定物等事故，因此，驶入隧道前，驾驶员应提前降低车速，开启近光灯，适当增加与前车的安全间距。

车辆在双向行驶的隧道内行车时，对向来车的远光灯会使驾驶员造成炫目。驾驶员应及时调整视线，避开灯光的直接照射。

隧道多依山而建，车辆在隧道出口处可能会受强烈横风的影响。车辆驶出隧道出口时，驾驶员应适当控制车速和握稳转向盘，避免横风引起车辆侧滑或侧翻。

三 山区道路行车

山区道路等级相对较低，路面狭窄，视野不开阔，多坡路和弯道，路侧安全防护设施不完备，驾驶员应降低车速，增大跟车距离，尽量避免超车，防止发生车辆失控、翻车、坠崖等事故。在雨季或者久旱暴雨后，车辆与道路右侧路基保持合适的距离，防止路基松塌造成危险。

上坡时，驾驶员要提前观察道路交通标志标线，预测坡度、坡长，判断需用的挡位及速度，在坡前500m处轻微加速，在坡路时保持加速踏板位置，尽量靠汽车惯性冲到坡顶。感觉车辆无法冲到坡顶时，驾驶员要迅速降挡，保持发动机动力上坡，避免坡路途中停车或熄火。重载车辆上陡坡时，驾驶员要提前换入低挡位，使车辆保持足够的驱动力，避免中途换挡或出现熄火溜车。

下长坡时，驾驶员应将变速器操纵杆置于合适的挡位（坡度越大，挂挡位越低），利用发动机的牵制作用降低车速，根据速度情况间歇性使用行车制动器间歇制动控制车速，同时控制好行驶方向和安全距离。安装有缓速器等辅助制动装置的车辆，应充分利用辅助制动装置减速。

案例

下长坡空挡行驶，车速失控坠坡底

2013年2月1日21时50分，驾驶员姜某驾驶一辆大型客车，由河北廊坊市文安县驶往甘肃庆阳市宁县，行至甘肃庆阳市宁五公路（宁县至陕西黄陵县五里墩，县乡公路，三级路面）2km+200m处右转弯下坡路段时，驶出弯道外侧，撞击路侧波形梁护栏后，坠入29.2m深的坡下林地，随后起火烧毁，造成18人死亡、32人受伤。

案例中，驾驶员姜某行经不熟悉的县乡陡坡转弯路段，使用空挡行驶，导致车辆行驶速度过快（该路段设计速度为40km/h，经事故鉴定，车辆肇事前的行驶速度为59～67km/h），车辆驶出弯道外侧，发生坠车事故。

重载车辆连续下长坡时，每行驶一段距离，驾驶员应选择安全地带停车进行必要的休息，使制动器自然降温，并检查制动器的状况。

遇前方有注意落石标志或者通过经常发生塌方、泥石流的山区路段时，尤其是在久旱暴雨后，驾驶员应注意观察前方路侧边坡是否有异常情况，确认安全后尽快通过，不要在此区域停车。

案例

驾驶员发现险情及时倒车，车辆躲过山体塌方

2016年7月8日20时15分，驾驶员黄某驾驶一辆搭载42名乘客的大型客车沿川藏线行驶，当车辆行驶至四川雅安市天全县小河乡境内“火夹沟”路段时，黄某发现前方右侧山崖上不断有落石，立即停车，仔细观察右侧山坡上的情况，发现山上的树木在摇晃，像是山体塌方的前兆，于是赶紧往后倒车，结果在倒车的过程中，整片山崖“轰轰轰”往下滑，完全覆盖住了路面，塌方堆积体离车辆仅10多m远。据分析，此次山体塌方可能是受连日强降雨影响。

四 高速公路行车

驾驶员没有充分加速就驶入高速公路行车道，与车道内正常行驶的车辆速度不一致，会干扰后方来车的正常通行。此外，从匝道越过导流线直接驶入高速公路时，因车辆的行驶方向与车道方向形成夹角，产生驾驶盲区，驾驶员无法观察到高速公路车道内的交通情况，极易引发追尾事故。因此，驾驶员应在加速车道内充分加速至60km/h以上（与行车道内车流的速度相适应），同时观察前侧和左侧的交通情况，确认安全后，向左平缓变更车道驶入行车道。

案例

违法驶入高速公路，遇对方疲劳驾驶发生追尾

2012年8月26日凌晨2时左右，驾驶员闪某驾驶一辆运载甲醇危险化学品的重型半挂货车（实载35.22t，核载33.5t）从服务区出发后，以21km/h的速度低速越过出口匝道导流线，驶入高速公路的中间车道。此时，驾驶员陈某驾驶一辆卧铺大型客车（乘载39人，核载39人）以77km/h（限速80km/h）的速度沿高速公路由北向南在中间车道行驶至服务区路段，陈某因疲劳驾驶（连续驾驶时间达4h22min，在凌晨2时至5时期间未按规定停车休息），在未采取任何制动措施的情况下，正面追尾碰撞重型半挂货车，导致大量甲醇泄漏，并发生爆燃起火，造成大型客车内36人死亡、3人受伤。

案例中，驾驶员闪某驾驶重型半挂货车从匝道驶入高速公路时，未充分加速而是以低速直接驶入高速公路，妨碍了在高速公路内正常行驶的机动车，与后续来车形成交通冲突；驾驶员陈某因疲劳驾驶，判断能力和反应能力下降，在遇紧急情况时未能采取安全措施，导致追尾碰撞事故。

高速公路两侧的护栏并不能完全防止行人、动物等的闯入，此外，行车道内可能会有遗洒物，容易形成突发情况。在高速公路行车，应注意观察前方情况，控制车速，保持足够的安全距离。遇雨、雪、雾等天气条件时，应当适当减速行驶，增大安全间距。

在高速公路上行车，应避免在行车道内或者随意在路侧停车，更不可在高速公路停车上下乘客。当车辆出现故障必须停车时，应尽可能选择港湾式紧急停车带停车，并正确疏散乘客，摆放危险警告标志，开启危险报警闪光灯。

案例

高速公路停车下客，被后车追尾致重大伤亡

2016年7月3日，驾驶员卢某驾驶一辆中型客车从成都搭载18名乘客驶往西昌。7月4日凌晨2时05分，车辆行驶至京昆高速西（昌）攀（枝花）漫水湾至礼州方向的一处路段（该路段没有设置应急车道）时，因一名男乘客冷某家住附近，于是卢某将车停在靠护栏侧的行车道上，准备让冷某就近下车。冷某下车后准备到行李舱取行李。此时，后方驶来的一辆重型货车与客车发生追尾碰撞，货车车头及客车尾部被撞得严重变形，并导致冷某当场死亡、7人重伤、10人轻伤。

高速公路属于封闭道路，非紧急情况下，禁止在路上停车。事故调查表明，卢某驾驶中型客车两度违规在高速路上停车下客，最终在第二次停车下客时，因后

方驶来的货车驾驶员张某避让不及，导致惨剧的发生。此外，根据规定，凌晨2时到5时，营运客车禁止在高速公路上行驶，必须强制停运休息。卢某涉嫌非法营运，将面临法律的制裁。

五 城乡接合部行车

城乡接合部的道路通常设计为开放式的形式，交通管理相对薄弱，经常会出现行人、自行车突然横穿道路的情形，驾驶员应注意观察路侧的行人、非机动车和摊位等，控制好车速和距离。行经交叉路口时，提前减速（必要时停车观察），确认安全后再通过。

六 乡村道路行车

乡村道路等级相对较低、路窄、照明条件差，路面缺乏养护，夏季容易形成扬尘，雨天容易出现泥泞坑洼、路基松软，驾驶员应尽量靠近道路中心线低速行驶，选择路基坚实的地段会车，避免路基塌陷。

乡村道路交通情况复杂，常常会遇到摩托车、农用车、牲畜混行或路侧被占用等情况，且行人安全意识较差，缺乏交通安全常识，驾驶员应注意以下几个方面：

（1）遇行人、儿童时，驾驶员应注意观察他们的动态，适当降低车速，做好随时停车准备。

（2）遇到摩托车、农用车时，保持适当的车速和安全间距，会车时主动减速让行或停车让行，尽量避免超车。

（3）遇到农村赶集时，往往会出现摊位占道、人员拥挤和交通拥堵，驾驶员应保持低速慢行或者耐心停车等待，调整好情绪。

（4）遇到畜力车或大群牛羊时，保持车距跟行或停车等它们先通过，不要采取鸣喇叭、加速等行为，以免惊吓动物。

七 进出客货运站场

在客货运站场的进出口，行人、非机动车和机动车混行，人车流量大且混乱，容易发生剐蹭事故，驾驶员应按顺序通过出入口，注意观察周边的情况，保持低速行驶，必要时鸣喇叭提示或停车让行。

在站场内，驾驶员应按照管理人员的指挥手势，将车辆停入指定地点。倒车时，应由专门人员指挥，防止碰撞盲区内的障碍物。

八 夜间行车

夜间行车时，驾驶员的视线仅限于车灯能够照射到的地方，很难像白天一样快速地辨识危险，因此，驾驶员要适当降低车速，与前车保持更大的安全距离，并注意观察周边的交通动态。

夜间灯光使用与驾驶视线

夜间行驶主要靠车辆的灯光照明，使用近光灯时，驾驶员能看到前方大约80m远的区域，而使用远光灯时，则能看到前方大约150m远的区域。在照明条件不良及与周边车辆距离在150m以外时，尽量使用远光灯。

开启近光灯

开启远光灯

夜间会车遇对面来车未及时关闭远光灯时，驾驶员的眼睛因强光照射会出现短暂性失明，此时，驾驶员应减速，握稳方向，将视线转移到右侧路面，不要直视对方灯光。此外，驾驶员要在相距150m外及时变换使用近光灯，而不要报复性地开启远光灯对射，使得对方驾驶员也发生短暂性失明，增加事故风险。

第四节 特殊天气条件下的预见性驾驶

本节介绍了雾天、雨天、冰雪天气和高温天气等特殊天气条件下的预见性驾驶方法。特殊天气条件影响了驾驶员的视线、车辆行驶稳定性，驾驶员针对不同天气条件下的危险特征，采取预见性驾驶，有利于保障行车安全。

一 雾天行车

浓雾不仅会降低能见度，而且还会使驾驶员看到的物体变形，减弱声音的传播能力。遇浓雾时最好将车辆停靠到休息区，等到能见度转好后再继续行驶。

雾天行车时，驾驶视线受阻，驾驶员应保持低速，与前车保持更大的安全距离，关掉车内收音机，降下车窗，听周围的声音来辅助判断。转弯时，做好随时制动准备，并鸣喇叭提醒他人。

雾天行车时，汽车远光灯遇雾会反光，使驾驶员产生炫目，因此，雾天行驶时应开

启近光灯、示廓灯、前后位灯和危险报警闪光灯等，同时鸣喇叭以引起其他车辆和行人的注意。后雾灯光线极强，容易使后车驾驶员产生炫目，因此，在能见度低于200m时，开启前雾灯；在能见度低于50m时，才开启后雾灯。

如果发现后车的跟车距离很近时，不要因感到压力而提高车速，而应与前车之间保持更大的距离，避免因前车紧急制动而发生多车追尾事故。在正常情况下，用制动提醒后车是一种很好的驾驶方式，但是在雾天条件下，后车可能会立即采取紧急制动而引发险情。因此，尽量通过松抬加速踏板来降低车速，扩大与前车的距离。

雾天行车时，随时注意前方是否发生车祸，注意路上是否有消防车、警车和救护车。如果高速公路上出现堵塞，这些车辆也许会被迫在紧急车道上行驶，驾驶员应引起注意，安全避让。

小知识

遇“团雾”时的安全行车

受局部地区微气候环境的影响，有时候会在局部范围内出现浓雾，也称为团雾。高速公路昼夜温差大，公路附近污染颗粒多，如秋季焚烧秸秆、汽车尾气排放等，更有利于形成团雾。团雾突发性强、能见度极低，预测难度高、区域性很强，对行车安全具有很大的威胁。

在高速公路行驶中观察到前方视线受阻有团雾发生时，不可就地停车，避免发生追尾事故；应立即减速，开启近光灯、示廓灯、前后位灯和危险报警闪光灯等，就近选择道路出口缓慢驶出高速公路或进入附近服务区暂避，等待团雾消散再行驶；如果不能驶离高速公路，应选择港湾式紧急停车带停车，开启危险报警闪光灯，按规定摆放危险警告标志，将车内人员疏散至来车方向护栏外侧的安全区域。

二 雨天行车

刚开始下雨时，行人和骑自行车人会变得忙乱，可能会突然横穿道路。穿雨衣或打雨伞的人，可能视线只盯着路面，忽略了对周边情况的观察，听不清汽车靠近的声音或喇叭声；为了避开水坑，可能会突然改变方向，甚至占用行车道。因此，驾驶员应尽量避让，给行人和骑自行车人多留余地。

雨天行车时，保持较好的驾驶视线非常关键，正确使用刮水器和车灯非常重要。遇

到雷暴雨时，即使刮水器开得很快，还是无法清除雨水，此时，应在安全区域停车，等雨变小后再继续行驶。雨天行车时，风窗玻璃和车窗容易形成水雾，影响驾驶视线，驾驶员可以开启通风装置或车窗加热装置来消除水雾。

车辆轮胎具有排水功能，但是车速越快、轮胎纹路越浅，轮胎排水能力越低，从而在胎面与路面之间形成一层水膜，出现“水滑”现象，导致车辆失控。因此，雨天要控制行驶速度，适当增大安全距离，改变行驶方向、制动或加速时动作要轻缓，避免车辆发生侧滑。

三 冰雪天气行车

严寒低温条件下，路面易结冰，附着系数下降，车辆行驶稳定性变差。入冬后，尤其是当年第一场雪后，驾驶员安全防范意识不足，容易发生车辆追尾、侧翻事故。

进入冬季时，驾驶员应全面检查车辆的技术状况，及时添加正确标号的柴油、冷却液，携带防滑链等安全工具。车辆行经冰雪路面，驾驶员应及时安装使用防滑链。

在冰雪路面上行驶时，驾驶员应保持匀速慢行，注意观察前方足够远的情况，需要减速时，充分利用发动机阻力降低车速，避免急转方向、急加速和急减速，以防发生侧滑。注意观察占道的行人和骑自行车人以及扫雪车和融雪车的动态，提前让出空间，避免盲目超越。

路面被雪覆盖难以辨识时，尤其是在乡村道路上，不要靠近路侧行驶，而应沿着前面的车辙行驶（车辙结冰时注意防侧滑），根据道路两旁的树木、电线杆等参照物判断行驶路线，保持低速行驶。

四 高温天气行车

高温天气条件下，入睡晚，睡眠不足，且驾驶室温度较高，驾驶员容易产生驾驶疲劳。因此，应注意保持心态平稳，心情舒畅；保持室内通风，适时休息，补充足够的饮水；利用早晚凉爽时段出行，尽量避开中午前后的高温出行。

在高温天气下，汽车的电路、油路等管路容易软化，出现短路和漏油等情况时，

容易引起汽车自燃。因此，进入夏季时，驾驶员应全面检查车辆的技术状况，尤其是电路、油路等管路的状况。

在高温天气下，人们习惯于在清晨和傍晚外出散步和纳凉，因此，在这些时段行车时应密切关注非机动车和行人的动态，通过市区、村镇或桥梁时，要减速慢行，注意道路或桥两侧的人群，做好随时停车准备。

高温天气行车，尤其是车辆重载或在山区道路长时间低速行车时，要注意观察冷却液温度表，确保冷却液温度保持在85～95℃的正常范围内，防止发动机过热。如果温度超过了安全温度的上限，应尽快停车检查，并作降温处理。

在高温天气条件下高速行驶时，车辆轮胎和发动机会产生很高的热量，若这些热量不能及时散出去，容易导致爆胎甚至轮胎起火，因此，驾驶员应定期检查轮胎的状况。胎压会随着温度升高而增大，当发现轮胎因过热而气压上升时，应设法将车停到阴凉处或树荫下，让轮胎自然降温、降压，不可用放气或泼冷水的方法来降低轮胎气压和温度。

第五章 紧急情况与事故现场应急处置

本章介绍了紧急情况的应急处置原则、常见紧急情况的处置方法以及事故现场处置方法。行车中，由于驾驶员经验不足或注意力分散、车辆技术性能突变以及其他交通参与者的影响，容易诱发紧急情况或者事故。在紧急情况下或者发生事故后采取科学、合理的处置方法，可以避免事故或者减少事故的损害程度。

第一节 紧急情况的应急处置方法

本节介绍了紧急情况的处置原则，介绍了制动失效、车轮爆胎、车辆侧滑、突遇障碍物和车辆自燃等常见紧急情况的处置方法。行车过程中出现紧急情况时，能否有效地规避危险和逃生，取决于驾驶员应急措施是否及时、恰当和有效。驾驶员具备良好的心理素质，掌握应急处置知识，在遇到险情时才能够临危不乱，冷静分析并采取行之有效的应对措施。

一 紧急情况的处置原则

在行车途中会遇到各种紧急情况，若处置得当，可以减轻或免除事故的危害；反之，可能会加大事故损失。为了防止处置不当加重事故后果，驾驶员在处理危险情况时应遵循以下原则：

（1）沉着冷静，准确分析判断。险情的出现一般都比较突然，此时，驾驶员保持沉着冷静，迅速准确地分析判断，是果断采取正确避险措施的前提，可以规避险情或者将损失降到最低。

（2）立即减速，有效控制行驶方向。紧急情况发生时，驾驶员首先要采取制动减速措施，握稳转向盘，控制好行驶方向，切莫急转方向，或者在制动的同时转动转向盘。研究表明，大型客车重心较高，急转方向时，客车瞬间的离心力非常大，无论是在干燥路面还是湿滑路面，容易发生侧滑或侧翻。车速越高，转向越急，发生侧滑或侧翻的危险也越大。尤其是在转向时制动，更容易发生侧滑或侧翻。

（3）向外传递危险信号。紧急情况发生时，驾驶员在采取避险措施的同时，要向周边的交通参与者传递危险信号，比如开启危险报警闪光灯、鸣喇叭、交替变换近、远光灯或挥手示意等，引起其他交通参与者的注意，同时采取正确的应对措施。

（4）先避人后避物，避重就轻。人的生命是最宝贵的，在紧急情况下，驾驶员要遵循“生命至上”的原则，宁可财产遭受损失，也要确保人员的生命安全。当损失不可避免时，应尽量避开损失较重或危害较大的一方。

小知识

紧急避险造成损害的法律规定

《中华人民共和国民法通则》第一百二十九条规定：因紧急避险造成损害的，由引起险情发生的人承担民事责任。如果危险是由自然原因引起的，紧急避险人不承担民事责任或只承担适当的民事责任。

因紧急避险采取措施不当或者超过必要的限度，造成不应有的损害的，紧急避险人应当承担适当的民事责任。

（5）先他人后自己。在遇紧急情况危及人员生命安全时，驾驶员要展现出良好的职业道德和高尚的情操，尽可能把生的希望留给更多的人。

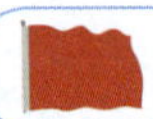
典型

危难时刻首先想到乘客的安全

2012年杭州最美驾驶员吴斌的故事感动了全中国，之后，四川、山东、江苏等全国各地不断涌现出驾驶员在最后时刻正确处置，挽救乘客生命的感人故事。2013年3月31日19时左右，驾驶员袁某驾驶一辆搭载34名乘客的大型客车从成都驶往苍溪，客车在成德南高速上行驶，车速保持在90km/h左右。当客车行驶至三台路段时，突然一块石头飞来，砸破风窗玻璃后，砸中了袁某的左眼，袁某瞬间满脸鲜血直流。与此同时，袁某发现车辆的左前方是悬崖，紧急关头，袁某连续两次进行制动，并向右缓慢转动转向盘，逐渐减速的客车撞断护栏后，右车轮驶入一个小坑内停下。剧烈的冲撞造成袁某从前风窗玻璃向前抛出2m多远，满脸鲜血直流的袁某清醒后，强忍剧痛，赶紧又爬回车内，熄火并指挥乘客用安全锤砸开车窗玻璃安全逃生（车门变形无法打开）。待乘客全部撤离后，袁某昏倒在车内前排乘客座位上。袁某被送到医院后，经检查，左眼球被砸爆。经过及时抢救，保住了性命，但袁某的左眼眼球将被摘除。

接受记者采访时，袁某说道："我们是客车驾驶员，出事了肯定是要先救乘客。加之平时公司重视安全教育，我们对如何紧急处置都很熟悉。"

二 制动失效的应急处置方法

1 无坡路段制动突然失效

在无坡路段出现制动失灵、失效时，驾驶员可采取以下应急处置方法：

（1）立即松抬加速踏板，握稳转向盘，观察、判断周边的交通情况，缓慢、小幅调整转向盘，控制行驶方向；开启危险报警闪光灯，或者鸣喇叭等传递危险信号。

（2）利用"强制降挡"和逐渐拉紧驻车制动器操纵杆等方法减速停车；在高速状态下，不可一次拉紧驻车制动器操纵杆，避免因驻车制动盘"抱死"引发车辆甩尾，同时损坏传动机件；装有辅助制动装置的车辆，还可充分利用辅助制动装置减速。

（3）当车速得到有效控制后，应尽快选择紧急停车带或其他较为平坦、宽阔的地段安全停车，并对车辆进行检修。

安全提示

出现制动失效后，无论车速降低与否，始终要操纵转向盘控制好行驶方向，规避撞车是首要的应急措施。只有在道路交通情况暂时不会发生撞车事故时，方可腾出手来抢挡、拉紧驻车制动器操纵杆。

2 下坡路段制动突然失效

在下坡路段出现制动失灵、失效时，驾驶员除了应按照无坡路段制动失效的应急处置方法操作外，还应观察周边的地形条件，充分利用紧急避险车道、坡道或天然障碍物帮助减速停车。

在不得已的情况下，应果断利用车厢靠向路旁的安全护栏、岩石或树林碰擦，甚至用前保险杠小角度斜向碰擦山坡，迫使车辆停住，以求减小损失。采取车厢碰擦减速措施时，驾驶员应注意以下事项：

（1）提醒乘客系好安全带，采取防冲击姿势，即乘客可以尽可能地往前弯曲，并将头靠在前座座椅上，把手放在后脑勺上。手掌交叠、手指不要扣住，手肘塞在两侧，头尽可能地低于座椅。

（2）在采取应急减速措施尝试使车辆降速后，再采取碰擦措施，尽量避免在高速情况下直接进行碰擦。

（3）尽量选择在平直、开阔的路段，不宜选择弯道处、临崖和临水侧护栏进行碰擦。

三 车轮爆胎的应急处置方法

车辆轮胎磨损异常、轮胎气压不符合要求、长时间超速行驶或超载行驶、在凹凸不平和碎石较多的砂石路行驶等容易引发车辆爆胎。

车辆行驶中（特别是高速行驶）发生爆胎时，往往伴有“砰”的爆炸声，车辆会出现明显的振动。车辆一侧为单轮胎的后轮爆胎时，会感觉到车体突然下沉，但方向一般不会失控。车辆前轮爆胎时，转向盘会随之以极大的力量向爆胎一侧偏转，影响驾驶员对行驶方向的控制，危险较大。驾驶员操控不当，容易发生碰撞、偏离车道、翻车等事故。

当意识到爆胎时，驾驶员应观察周边交通情况，松抬加速踏板，双手紧握转向盘，控制车辆保持直线行驶。若已有转向，也不要过度矫正，应在控制住方向的情况下，轻踏制动踏板（禁止紧急制动），使车辆缓慢减速，平稳地将车辆停靠在路侧，采取安全措施后，对车轮进行检查、处理。车辆更换使用备胎后，要就近将车辆送到修理厂进行维修。

安全提示

发生爆胎时，切忌在慌乱中向相反方向急转转向盘或急踩制动踏板，尽量采用抢挡的方法，利用发动机阻力制动使车辆减速；尚未控制住车速前，不要冒险使用行车制动器停车，以免车辆横甩，引发更大的险情。

 四 车辆侧滑的应急处置方法

车辆在泥泞、湿滑的路面上快速行驶、紧急制动、急加速或猛转方向时，易发生侧滑，甚至会导致车辆失控而向路边倾翻、坠车或与其他车辆、行人发生碰撞等事故。

小知识

容易引发车辆侧滑的情形

行车中，以下情形容易引发车辆侧滑。

（1）车速过快。车辆高速行驶时，轮胎与地面之间的摩擦力下降，易引发侧滑。

（2）紧急制动。过大的制动力易使车轮抱死，轮胎附着力降低，引发侧滑。对于汽车列车而言，牵引车与挂车之间的制动不协调，也容易引发侧滑。

（3）急加速。在冰面或湿滑路面急加速时，驱动轮突然提供过大的动力，易引发侧滑。

（4）猛转方向。高速状态下急转方向时，超过车辆的转向平衡能力易引发侧滑。

车辆发生侧滑时，驾驶员应采取以下应急处置措施：

（1）当制动、转向或擦撞引起车辆侧滑时，应立即松抬制动踏板，并迅速向侧滑的一方小幅转动转向盘，并及时回转方向进行调整，修正方向后继续行驶；因转向或擦撞引起的侧滑不可使用行车制动。此外，车辆发生侧滑时，不要使用驻车制动，尤其对于半挂汽车列车，这种操作将会导致更加严重的后果。

（2）当未配备ABS系统的车辆的前轮发生侧滑时，驾驶员应及时将危险警示信息传递出去，并果断地连续踩踏、放松制动踏板，平稳制动，尽快减速停车。

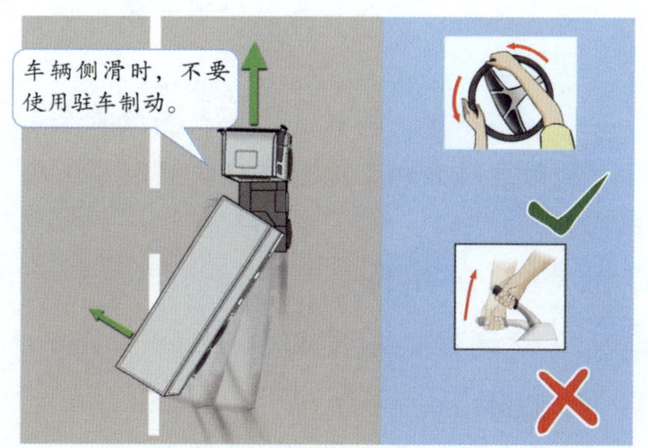

安全提示

车轮往哪边侧滑，就往哪边转向，不可转错方向，否则，会加剧车辆侧滑的危险。

五 突遇障碍物的应急处置方法

遇有行人、牲畜突然横穿道路，或者行车道内有遗洒物，如所驾驶的车辆重心较低且车速也较低时，驾驶员可先判断能否利用转向避开前方障碍物。若转向避开障碍物比停车更有效时，在道路交通条件允许的前提下，尽可能优先采取转向规避，再配合采取必要的减速措施。

若所驾驶车辆重心较高（车身高度或装载高度较高）或车速较高时，驾驶员不要轻易急转方向避让，而应先采取制动减速，尽可能降低碰撞瞬间的能量。否则，紧急转向会使车辆在离心力作用下发生侧滑、倾翻，甚至失控坠车，造成更加严重的事故后果。

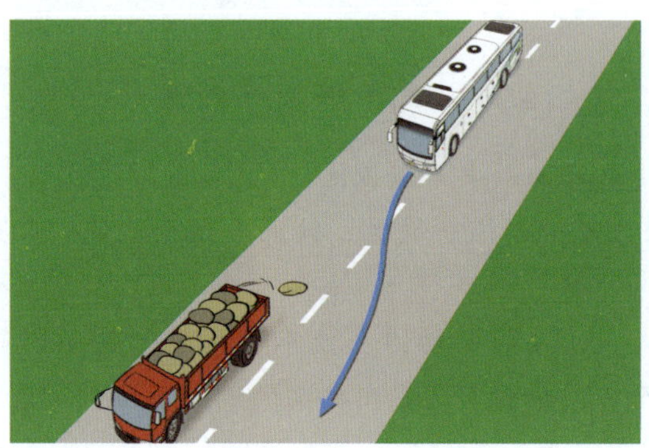

案例

高速时急转方向，车辆失控致车损人亡

2012年12月9日11时左右，驾驶员于某驾驶一辆大型客车从河南省商丘市前往郑州市，行驶至310国道民权县南华大道442km处（行驶速度为86km/h），为避让同方向向左转弯行驶的一辆两轮电动自行车，于某在踩制动踏板的同时向左猛转方向，致使大型客车与张某驾驶的电动自行车相撞并失控，大型客车坠入左前方池塘，造成客车内11名乘客死亡，电动自行车驾驶员张某抢救无效死亡，22人受伤。

案例中，驾驶员于某在高速状态下为避让同向行驶的电动自行车，在制动的同时急转方向，导致车辆失控驶离道路。

六 车辆自燃的应急处置方法

车辆载运危险物品时，行驶中发动机温度过高、电路和油路管路老化短路、轮胎摩擦过热、碰撞后燃油泄漏等诸多因素会诱发火灾。车辆发生火灾时，如果能够采取积极有效的自救措施，选择正确的方式迅速逃离现场，就可以化被动为主动，赢得更多的逃

生机会。

1 客车着火燃烧的特点

车辆易起火的部位主要有乘客舱、发动机舱、行李舱（货厢）和轮胎。不同部位着火时的火势蔓延速度不同，供人员安全疏散的时间也有区别。

（1）乘客舱内着火时，人员可用安全疏散时间约为90s；

（2）发动机舱着火时，人员可用安全疏散时间约为3min；

（3）行李舱着火时，人员可用安全疏散时间约为7min，但行李舱内若有易燃易爆危险品时，会迅速点燃整个车厢；

（4）轮胎摩擦起火时，人员可用安全疏散时间约为8min，但是早期未察觉，当火焰蔓延至车厢后，会迅速点燃整个车厢。

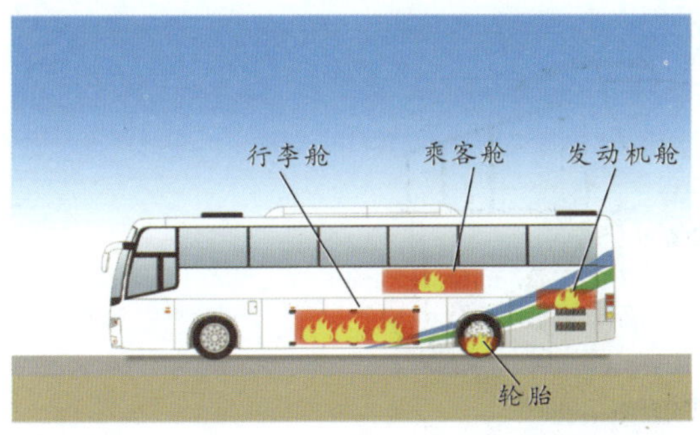

2 组织人员安全疏散

车辆起火时，一般都会有先兆，如闻到车内有胶皮味或发现发动机罩边隙处冒烟等。当发现车辆自燃时，驾驶员应立即靠边安全停车，打开车门组织乘客安全疏散；当仪表盘处的车门开关失效时，可通过操纵设置在车门附近的应急阀（打开阀盖，按箭头指示方向旋转该阀）手动开启车门。

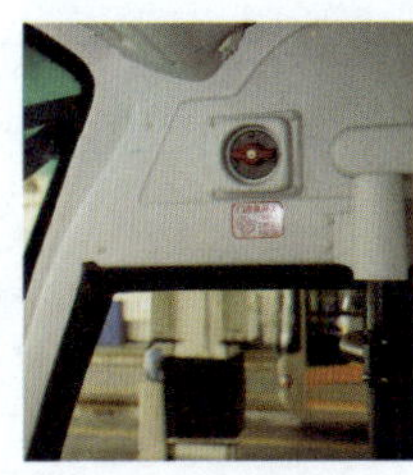

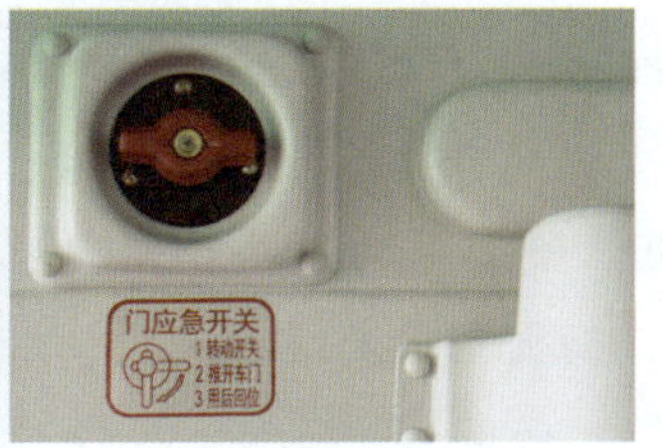

标有“应急出口”或者“EXIT”标志的车窗为应急窗，车窗附近配备有安全锤。车内人员可按照车窗玻璃上的引导性敲击标志，对其所指示的部位进行敲击。如没有标志，一般是先用力敲击玻璃的边缘和四角，再猛力敲击其中部，即可破窗而出。

车内人员在逃生时，要注意以下事项：

（1）保持冷静，就近选择正确的逃生方法和路线，保持逃生秩序，抓紧时间逃离险境，切勿惊慌失措。挤压踩踏、盲目乱窜和盲目跳车都会影响逃生概率。

（2）俯身低姿行走，车内浓烟使得视线不清，可抓住前方乘客的衣角跟随逃离，同时要用衣物或毛巾（湿毛巾效果更好）捂住口鼻，不要盲目呼喊，防止烟雾和有毒气体进入呼吸道，造成呼吸道损伤或窒息。

（3）当火焰逼近、无法躲避时，可用身体猛压火焰，冲出一条生路。冲出时，应当及早脱去着火的衣帽或请他人协助用厚重的衣物压灭火苗，注意保护裸露的皮肤。

车辆自燃逃生时的危险因素

车辆起火时，烟雾中有大量一氧化碳和其他有害气体，由于乘客舱内空间狭小密闭，浓烟中一氧化碳的浓度很高，且烟气的流动方向就是火焰蔓延的方向，烟雾和火焰会随着人的叫喊吸入呼吸道，从而导致严重的呼吸道和肺脏损伤，最终致使人窒息而死亡。资料显示，在含有一氧化碳浓度达1.3%的空气中，人们呼吸2～3次就会失去知觉，呼吸1～3min就会死亡，火灾中被浓烟熏呛致死人数是烧死人数的4～5倍。

3 控制初期火势

人员安全疏散后，应尽快采用灭火器给油箱和燃烧部位降温灭火，控制火势蔓延，避免爆炸。

（1）如果是发动机舱内着火，应迅速关闭发动机，尽量不打开发动机罩，从车身通气孔、散热器及车底侧进行灭火。

（2）如果客车车厢内或行李舱内冒烟或出现火苗时，应对准起火部位开展灭火措施，尽量在初期阶段扑灭火情。

（3）如果货车装运的货物着火时，尤其是危险物品着火时，驾驶员应先将车辆驶离闹市区、加油站、服务区、高压电线、灌木丛及其他易燃易爆物品存放区，安全停车后，迅速报警，再用灭火器对准起火部位开展灭火。灭火时不要打开货厢门，否则会因进入氧气而导致火势迅速蔓延。

灭火器的正确使用方法

车辆上通常配备有干粉灭火器，主要用于扑救石油、有机溶剂等易燃液体、可燃气体和电气设备的初期火灾。干粉灭火器的开启方法为压把法，即将灭火器提到距火源适当距离后，先上下颠倒几次，使筒内的干粉松动，然后拔去保险销，让喷嘴对准燃烧最猛烈处，压下压把，灭火剂便会喷出灭火。

灭火时，操作人员要站在上风位置，一手握住灭火器手柄，一手握住灭火器喷管，按下手柄，将软管对准火焰根部喷射，由近及远，左右扫射，快速推进，直至把火焰全部扑灭。

第二节 事故现场的处置方法

本节介绍了事故发生后驾驶员应采取的事故现场处置和伤员急救方法。驾驶员掌握事故现场处置知识，在事故发生后，能够从容地应对，做好防范二次事故的措施，正确报警，保护好事故现场，开展自救和互救，对减少事故损失、协助公安机关开展事故调查具有重要的作用。

一 事故现场处置方法

小知识

事故现场自行协商处理

与机动车或非机动车发生财产损失事故，当事人对事实及成因无争议的，可以自行协商处理损害赔偿事宜。车辆可以移动的，当事人应当在确保安全的原则下对现场拍照或者标划事故车辆现场位置后，立即撤离现场，将车辆移至不妨碍交通的地点，再进行协商。当事人自行协商达成协议的，填写道路交通事故损害赔偿协议书，并共同签名。

1 立即停车，防范二次事故

在道路上发生交通事故时，驾驶员应立即停车，拉紧驻车制动器操纵杆，关闭发动机并切断电源，开启危险报警闪光灯，正确摆放危险警告标志，必要时在斜对角的两侧轮胎下垫三角垫木。在夜间或雨雾等视线不良天气条件下，还要开启示廓灯和后位灯。

摆放危险警告标志主要是提示后方来车注意避让，对预防二次事故有重要的意义，要注意以下几个方面：

（1）在一般道路上，应在事故车辆来车方向50m（成年人约80步）至100m处放置危险警告标志，在城市快速路、高速公路

上，应在事故车辆来车方向150m以外放置危险警告标志；夜间摆放危险警告标志的距离可以适当增加。

（2）在坡道、弯道等驾驶视线不良的路段，应将危险警告标志摆放在入弯之前或能更早提醒两侧来车注意的位置。

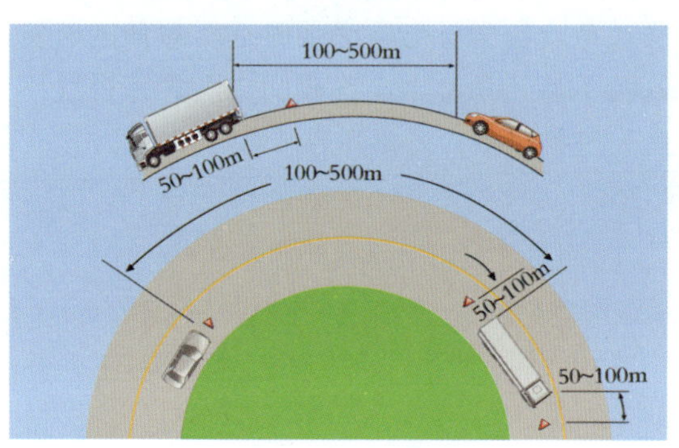

（3）如果事故车辆的停放位置占用了对向车道，则应在事故车辆前方和后方的合适位置同时摆放危险警告标志。

2 疏散现场人员

客车在道路上发生交通事故时，要立即将旅客转移到道路以外的安全地带，尽量避免旅客滞留在道路上。在高速公路上发生事故时，驾驶员应将人员疏散到来车方向150m、高速公路护栏以外的安全区域，切不可向下游疏散人员或让人员滞留在高速公路行车道上。

如果现场有扩大事故的因素，如事故车辆装有易燃、易爆、剧毒、放射性物质等危险物品，车辆起火以及出现易燃气体和液体泄漏时，驾驶员应立即设法疏散围观人群，隔离现场，尽可能采取降温、灭火等措施进行应急处置，必要时设法将危险车辆驶离现场。

遇隧道内发生交通事故，出现车辆起火或易燃、易爆气体和液体泄漏时，应组织乘客沿远离事故车辆或者距隧道出入口较近的方向逃生，同时，利用隧道内标有“安全通道”标志的逃生通道逃生。

3 报警

遇有人员伤亡事故或与道路危险货物运输车辆发生碰撞产生泄漏、起火等情况，驾驶员应立即拨打110、122、120或119等报警、救援电话，说明事故情况、事故危害，并在现场采取一切可能的警示措施，积极配合有关部门进行处置。

报警时，需要说明的有关信息主要包括以下内容：

（1）报警人的姓名、联系方式；

（2）发生道路交通事故时间、地点；

（3）人员伤亡情况；

（4）车辆类型、车辆牌号，是否载有危险物品、危险物品的种类等；

（5）涉嫌交通肇事逃逸的，还应当说明肇事车辆的车型、颜色、特征及其逃逸方向、逃逸驾驶员的体貌特征等有关情况。

事故现场需要报警的情形

发生道路交通事故有下列情形之一的，应当立即报警并保护现场等候处理，不得驶离：

（1）造成人员死亡、受伤的；

（2）发生财产损失事故，当事人对事实或者成因有争议的，以及虽然对事实或者成因无争议，但协商损害赔偿未达成协议的；

（3）机动车无号牌、无检验合格标志、无保险标志的；

（4）载运爆炸物品、易燃易爆化学物品以及毒害性、放射性、腐蚀性、传染病病原体等危险物品车辆的；

（5）碰撞建筑物、公共设施或者其他设施的；

（6）驾驶员无有效机动车驾驶证的；

（7）驾驶员有饮酒、服用国家管制的精神药品或者麻醉药品嫌疑的；

（8）当事人不能自行移动车辆的。

在报警时，准确提供事故地点的位置信息，是救援人员及时赶到现场实施救助的关键。在道路上，确认地理位置信息的方法包括以下几种：

（1）利用道路里程牌。一般在高速公路的路中或右侧护栏设置有里程牌和百米牌，里程牌每隔1km设置一个，显示高速公路编号和所在位置距离起点的里程数；百米牌每隔100m设置一个，显示所在位置距离起点的里程数和百米数。图中所代表的地理位置为G70高速公路22km+100m处。

（2）利用道路指示标志。道路路侧每隔一定距离设置有地点距离指示标志，预告道路前方所要经过的重要的地点、道路的名称和距离。此外，一些地区的公安交通管理部门在高速公路两侧护栏每间隔一定距离公示救援服务信息，包括当前位置、报警电话和救援电话等。

距离指示牌　　界线牌　　景区指示牌

（3）利用手机微信定位。驾驶员可以利用手机微信中的“位置”功能，定位和向微信朋友发送本人所在的位置信息。

4 开展自救与互救

事故现场有人员伤亡的，驾驶员应立即抢救受伤人员，及时将轻微伤员和其他人员疏散到安全地带。因抢救受伤人员变动现场的，应当标记伤员的原始位置。

5 保护事故现场

对于重大交通事故，驾驶员在警察赶到现场前可先采取必要的措施对事故现场进行保护，记录事故现场的情况。

（1）需要标划现场的交通事故，驾驶员在标定机动车停车位置时，可用石笔或粉笔在车辆的每个车轮外延中心垂直于地面上标划“T”形线。如果是多车轮的车辆，只需标划前后四个车轮即可。

（2）驾驶员可使用相机或者手机，从车辆前方、侧面和后方的不同角度，对事故相关车辆的位置、受损部位及受损程度等做好拍摄记录。

（3）遇有雨天、雪天或刮风等自然现象可能会对现场重要痕迹、物证造成破坏时，驾驶员可用塑料布、席子等将现场的尸体、血迹、制动印痕和其他散落物等遮盖起来。

在繁华或者重要路段发生事故时，驾驶员要服从执勤交通警察的指挥，及时将车辆移离现场，以恢复交通秩序。

二 事故现场伤员急救知识

1 正确判断伤情

在事故现场发现伤员时，应先对伤员的处境和伤情进行全面检查和判断，比如是否有重物压在伤员的身上，是否有异物插入伤员的体内，伤员是否出现昏迷、呼吸中断等

症状，伤员是否出血、骨折等。对于意识清醒的伤员，应询问哪里疼痛和不适，初步判断受伤部位，以便选择正确的急救方法。

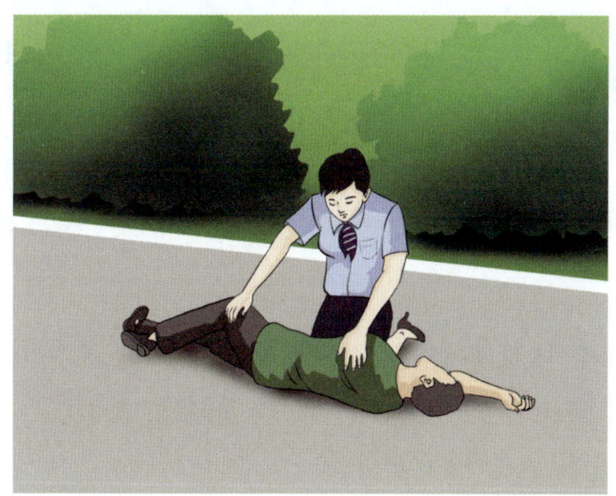

2 科学施救，避免造成二次伤害

抢救人员要沉着、仔细，根据伤员的处境和伤情，科学实施救护。从车体中移出伤员时，动作要轻柔，尽可能移开压在伤员身上的物品，而不要强行拉拽伤员的肢体；不要随意拔出插入伤员体内的异物；正确搬运伤员，避免因搬运不当造成伤员的伤势加重。

3 选择安全的场所实施救护

尽快将伤员救离事故现场，尽量选择广场和空地等开阔区域，在救护车能够接近的安全地方和夜间有照明的地方实施抢救，不能在弯道、坡道或交叉路口等危险区域实施抢救。应尽可能用救护车运送伤员，使伤员平卧，减少运送途中的二次损伤。

4 先救命，后治伤

在等待专业救护人员赶赴事故现场时，应先抢救存在昏迷、休克、呼吸中断等症状的重伤员，再护理一般的伤员，对伤员进行伤口包扎、固定等处理。

第六章 道路客货运输知识

本章介绍了道路旅客运输驾驶员安全与服务规范、运输途中异常情况处理方法和反恐防范知识，以及道路货物运输组织方式、货物受理与装载操作规范、货运商务知识以及道路危险货物运输相关规定等。

第一节 道路旅客运输知识

本节介绍了道路旅客运输安全与服务规范、运输途中异常情况的处置、反恐防范知识等。道路旅客运输是用客车通过道路运输来实现旅客的位移，向旅客提供服务的过程。道路旅客运输的服务对象是人，具有不同于其他运输类型的特点，安全、便捷、准时、经济、舒适、文明是旅客对运输质量的要求。驾驶员掌握道路旅客运输各环节的安全与服务操作规范，掌握途中异常情况的处置方法，了解反恐防范知识，可以更好地保障客运安全与服务质量，树立品牌，获得客运市场竞争的优势。

一 道路旅客运输安全与服务规范

1 出车准备

驾驶员应提前确认次日的运输任务，包括行车线路、发车时间、起讫站点、途经站及停靠站等信息，提前了解行驶路线的道路状况、天气状况、风险控制点等信息。

驾驶员上岗前，应确认自己处于安全状态，情绪稳定，无疲劳、饮酒等影响行车安全的因素。

驾驶员应按照要求做好出车前的车辆技术状况检查，包括车辆轮胎、制动、转向、灯光、安全出口及车内安全带、安全锤、灭火器、车载监控装置、危险警告标志、三角垫木等安全设施设备的检查。

2 客车进站与报班

班车客运要遵守"三不进站"制度，即易燃易爆和易腐蚀等危险品不进站、无关人员不进站和无关车辆不进站。

班车客运车辆在报班前，要严格执行客车安全例行检查制度，提前做好客车安全例行检查。

小知识

客车安全例行检查制度

客车安全例行检查，是指在受检车辆进行正常维护并检验合格的前提下，由客运站车辆安全例检人员在不拆卸零部件的条件下，借助简单的工具量具，采用人工检视的方法，对影响营运客车行车安全的可视部件技术状况所实施的例行检查，不包括对乘坐客运车辆的旅客所携带行李的安全检查。营运客车安全例行检查与车辆的日常维护、一级维护和二级维护为非替代关系。

客运班线单程营运里程小于800km的客运班车和往返营运时间不超过24h的客运班车，实行每日检查一次；客运班线单程营运里程在800km（含）以上的客运班车和往返营运时间在24h（含）以上的客运班车，实行每个单程检查一次。

客运班车经安全例行检验合格后，由例检人员签发《安全例检合格通知单》，作为客车报班发车的依据。《安全例检合格通知单》自签发时起，24h内报班有效。《安全例检合格通知单》超过时限的班线客车，须重新进行安全例检，合格后，才允许报班。

安全例检不合格的客车，应进行修理，维修合格后，再进行复检。客车未经安全例检或安全例检不合格，不得营运。

客运驾驶员应持机动车驾驶证、驾驶员从业资格证、车辆行驶证、道路运输证等相关证件报班，领取派车单和车辆运营牌证。包车客运驾驶员还应随车携带包车票或者包车合同。

小知识

违规包车客运的处罚规定

对一年内存在违规行为3次以上的旅游包车客运企业，暂停对其的包车客运标志牌审核发放工作，待整改结束后，再恢复发放；对于3个月内违反有关规定3次以上的车辆以及长期在异地违规运营的省际包车，一律停止发放包车客运标志牌，停运整改，直至吊销经营范围。

3 旅客上车服务与安全

未配备安全检测设施的客运站或临时停靠站点，旅客上车时，驾驶员要注意旅客是否在行李中夹带危险物品或者国家规定的违禁物品上车。发现旅客在行李中夹带危险物品或者国家规定的违禁物品时，要制止其携带上车，耐心做好解释工作。经劝阻旅客仍然坚持携带的，驾驶员可以拒绝运输，拨打报警电话，交由公安部门处理。

禁止旅客携带的易燃、易爆危险品和违禁物品

危险品类别	图片	代表性物质	危害性
易燃、易爆品	爆炸品 1	汽油、煤油、柴油、乙醇炸药、雷管、烟花爆竹、指甲油、啫喱水、摩丝、发胶、染发剂、喷雾剂、卫生杀虫剂	受热、撞击、遇湿等外界作用，能发生剧烈的化学反应、瞬时发生爆炸或燃烧
剧毒品	剧毒品 6	农药、二甲苯	吸入或皮肤接触后可能造成严重受伤，健康损害甚至死亡
腐性品	腐蚀品 8	硫酸、硝酸、盐酸	接触时会造成严重受伤
放射性物质	二级放射性物品 Ⅱ 7	夜光粉、发光剂、放射性同位素	轻者会造成细胞损伤、头晕、疲乏、脱发等；重者会引起白血病、癌变甚至死亡，或引起基因突变和染色体畸变
刀具、枪械		自制枪、制式枪、仿真枪、子弹、管制刀具、匕首、弹簧刀	制造抢劫、人身伤害事件

危险物品的排查方法

违禁物品排查方法包括：

（1）望：观察旅客携带的物品是否为大件物品、深色塑料袋袋装物品或桶装、瓶装物品等，此外，观察旅客神情是否紧张或伪装镇定，行为表现是否异常。

（2）闻：是否有刺激性气味、芳香味、氨味等异味。

（3）问：发现可疑情形时，主动询问旅客携带的是何物品，同时注意礼貌用语，避免与乘客发生言语或肢体冲突。

按照核定的载客人数运送旅客，禁止超员。车辆起步前，驾驶员要检查旅客的随身行李是否安放正确，确保过道、安全出口位置无物品，行李架上的物品摆放整齐、稳妥，不会脱落。

4 出车前安全告知与安全承诺

班车客运和旅游客运驾驶员在发车前，应口头或者通过播放宣传片对旅客进行安全

告知。安全告知的主要内容包括：

（1）客运公司名称、客车号牌、驾驶员及乘务员姓名和监督举报电话；

（2）客运车辆核定载客人数、行驶线路、经批准的停靠站点、中途休息站点；

（3）法律法规规定事项，如禁止旅客携带或客运车辆装运的危险品，禁止超载、超速、疲劳驾驶，连续驾驶时间不超过4h；禁止在高速公路上和未经批准的站点上下客；禁止携带危险品进站上车；禁止改变线路行驶；禁止关闭、屏蔽卫星定位信号；禁止客车22时至凌晨6时途经三级以下山区公路达不到夜间安全通行条件的路段；卧铺客车凌晨2时至5时停车休息等；

（4）车辆安全出口及应急出口逃生、安全带和安全锤使用方法。

发车前，客运驾驶员要结合安全告知向乘客进行“面对面”的安全承诺。承诺在驾驶过程中做到：

（1）不超速，严格按照道路限速要求行驶；

（2）不超员，车辆乘员不得超过核定载客人数；

（3）不疲劳驾驶，日间连续驾驶不超过4h，夜间连续驾驶不超过2h；

（4）不接打手机，在驾驶过程中保持注意力集中；

（5）不关闭动态监控系统，做到车辆运行实时在线；

（6）确保乘客系好安全带，全程按要求佩戴使用；

（7）确保乘客生命安全，为旅途平安保驾护航。

5 客车出站安全检查

班车客运应遵守“六不出站”制度，即超员客车不出站、安全例行检查不合格客车不出站、驾驶员资质不符合要求不出站、客车证件不齐不出站、出站登记表未经审核签字不出站和旅客未系安全带不出站。

客车行驶至客运站的出站口时，驾驶员应主动接受出站检查，检查合格并与出站检查人员共同签字确认后再出站。

小知识

客车出站检查规范

出站检查，是指客运站经营者在客车出站前，对当班驾驶员资格、客车运营

证件、客车安全例行检查情况、客车实际载客人数、车上人员安全带系扣情况及出站登记手续等是否符合规定所进行的核查活动。客车出站检查主要包括以下内容：

（1）检查出站客车报班手续是否完备，包括《安全例检合格通知单》、行驶证、道路运输证和客运标志牌等单证齐全、合格。

（2）检验每一名当班驾驶员持有的从业资格证、机动车驾驶证，受检驾驶员与报班驾驶员应一致。

（3）清点客车载客人数，客车不得超载出站。

（4）检查装有安全带的客车旅客安全带系扣情况，客车出站时所有旅客应系好安全带。

客运驾驶员不配合出站检查且经劝告仍不接受出站检查的，客运站有权拒绝客车出站。经劝阻无效，仍滞留现场扰乱秩序的，客运站可采取相应措施安排客车上的旅客改乘并报当地道路运输管理机构；对强行出站的，客运站可报告当地道路运输管理机构处理。对相应客车，客运站可在一定期限内禁止其进站发班。

6 途中运输服务与安全

客运班车应按照规定的线路、班次和站点运行，无正当理由不得改变行驶线路，不得在站外上客或者沿途任意上下旅客和装卸行李。

包车客运驾驶员在客运车辆包用期间，要服从包车人的合理安排，按照与包车人约定的时间、起始地、目的地和线路运行，保证车辆正常使用。在行车中遇有特殊情况时，应根据包车人的意见处理，同时报告企业相关管理人员。

客运驾驶员白天连续驾驶4h、夜间（晚22时至凌晨5时）连续驾驶2h，应停车休息不少于20min。客运驾驶员（包括接驳驾驶员）在24h内驾驶时间累计不得超过8h（特殊情况下可延长2h，但每月延长的总时间不超过36h）。

从事高速公路单程运行600km以上、其他公路单程运行400km以上的客运任务时，应提前做好行车计划，与随车的其他驾驶员安排轮换休息时间，避免疲劳驾驶。驾驶员从事单程运行800km以上的长途班车客运任务时，应合理制定行车计划，尽量减少夜间运行时间，在凌晨2时至5时应停止运行。采用接驳运输方式的，应按照规定做到停车换人、落地休息。

小知识

长途客运接驳运输相关规定

长途客运接驳运输，是指通过在客车运行途中选择合适的地点，实施驾驶员停车换人、落地休息，或换车换人，由在接驳点上休息等待的驾驶员上车驾驶，继续执行客运任务的运输组织方式。

接驳运输主要有两种模式：一种是“换驾不换车”，即一条班线全程由一辆客车完成运行任务，每到一个接驳点由接班驾驶员开原车驶往下一个接驳点，交班驾驶员在食宿点休息等待客车返程接班，形成前后接力往返循环，每段接班行车里程不得超过每日累计驾驶时间的安全规定。另一种是“换驾也换车”，即一条班线两头客车对开，到了途中预定接驳点，两车互换旅客行李，驾驶员各开各的车按原路返回出发点，其往返行车里程不得超过每日累计驾驶时间的安全规定。

接驳运输车辆要在车内右侧前风窗玻璃放置《长途客运接驳运输车辆标识》，安装具有驾驶员身份识别功能和行驶记录功能的卫星定位车载视频终端。当班驾驶员和接驳驾驶员应遵守以下规定：

（1）发车前，当班驾驶员要领取、填写并随车携带《长途客运接驳运输行车单》。

（2）当班驾驶员和接驳驾驶员应严格遵守国家关于客车驾驶时间和行驶速度的规定，接驳时间尽可能安排在23时至凌晨2时之间。

（3）车辆到达指定的接驳点后，当班驾驶员和接驳驾驶员交接车辆相关证件，填写《长途客运接驳运输行车单》，并由接驳点管理人员签字、盖章。

（4）在运输任务结束后，当班驾驶员要及时将《长途客运接驳运输行车单》上交道路客运企业留存备查。

行车途中，客运驾驶员应关注旅客在车厢内的动态，提醒旅客注意安全，不要将手和头部伸出窗外；发现非法活动应及时报警，维护旅客人身和财产的安全。

途中停车待车辆停稳后，客运驾驶员应通知旅客停车和开车时间，提醒旅客保管好自己的随身物品；旅客下车时，提醒旅客注意车右侧来往的车辆，避免发生冲撞。旅客上车后，客运驾驶员应进行提醒喊话，核对人数，确保旅客不漏乘、不错乘。

途中车辆发生异常现象或异常响动时，

客运驾驶员应及时将车辆停放在路边进行检查，并采取必要的安全措施。停车休息时，客运驾驶员应完成途中安全检查作业。

7 到站服务

进入客运站下客区时，客运驾驶员应服从现场服务人员指挥，停靠到指定位置后再安排旅客下车。车辆停放时，客运驾驶员应拉紧驻车制动器操纵杆，锁好车门，对轮胎易损件和安全部位进行检视，如有异常状况和故障，及时报修。

二 运输途中异常情况的处理

驾驶员在运输途中，时常会遇到一些突发事件，如乘客财物被盗、车内乘客打架、车内发生抢劫、车内发现可疑爆炸物品等。运输途中发生突发事件时，如果能够采取积极有效的处置措施，就可以化被动为主动，更好地保护乘客的生命和财产安全。

1 驾驶员突发疾病

行车中，客运驾驶员可能会突然出现眩晕、胸闷、气虚、腹部或胃部绞痛、冒冷汗等不良症状，如果盲目坚持驾驶，容易因注意力分散、车辆操控能力下降等引发事故。

行车中，客运驾驶员突然感到身体不适时，可以采取以下安全措施：

（1）立即开启危险报警闪光灯警示其他车辆不要靠近，降低车速，尽快选择安全区域靠边停车；

（2）车辆停稳后，拉紧驻车制动器操纵杆，打开车门并告知旅客临时停车原因，请他人协助组织人员安全疏散，按规定摆放危险警告标志；

（3）及时采取自救措施，如果病情不明或病情较严重时，应立即拨打120急救电话，同时向车队管理人员报告现场情况及车辆停靠位置，请求救援。

2 遇乘客突发疾病

旅途中长时间的颠簸、车内较差的空气环境等容易诱发旅客潜在的疾病，有些疾病需要得到及时的救助。常见的突发疾病和症状包括心肌梗死、心绞痛、冠心病、房颤（心力衰竭）、精神病、癫痫（精神失常、晕厥）、肺炎、肺心病、慢性支气管炎、哮喘（呼吸困难），以及晕车、中暑、虚脱等。

途中旅客突发疾病时，客运驾驶员应尽快减速，靠边安全停车，探查旅客病情，及时采取救助措施。如果旅客病情不明或者疾病较严重时，客运驾驶员应立即拨打120急救电话，在车内寻求医务专业人员进行救助，就近送往医院救治，同时向其他旅客做好解释工作。

3 行车中旅客发生磕碰、摔倒

行车途中，旅客在车内发生磕碰、摔倒时，客运驾驶员应尽快靠边安全停车，查看旅客受伤情况，进行必要的处理。如旅客受伤比较严重，应立即拨打120急救电话，向车队管理人员汇报情况，就近送往医院救治，同时向其他旅客做好解释工作。

旅客伤亡及财产损失的赔偿规定

承运人应对运输过程中旅客（包括按照规定免票、持优待票或者经承运人许可搭乘的无票旅客）的伤亡、自带物品的毁损或灭失，承担损害赔偿责任，但伤亡是旅客自身健康原因或者是旅客故意、重大过失造成的除外。

客运经营者在运输过程中造成旅客人身伤亡，行李毁损、灭失，当事人对赔偿数额有约定的，依照其约定；没有约定的，参照国家有关港口间海上旅客运输和铁路旅客运输赔偿责任限额的规定办理。

目前，旅客因意外事故可获得的赔偿主要有两个方面。

（1）客运经营者为旅客购买了承运人责任保险，此类保险时间较长，一般为一年期，赔付标准相对较高。

（2）旅客购票时自愿购买的、保费2元的意外险，在当次客车生效，加上包含在客票中的旅客意外险，保额约为10万元。

4 遇乘客争吵或打架等治安事件

若乘客之间发生激烈争吵时，驾驶员可以采取以下应急处置措施。

（1）立即平稳靠边停车，安全放置危险警告标志，对当事人进行劝阻。

（2）如劝阻无效时，立即拨打110报警电话，向单位报告，听从公安机关指挥。

（3）如果打人者强行逃逸时，驾驶员应注意观察其体貌特征及逃跑方向，向公安

机关提供侦破线索。

小知识

旅客服务技巧

与他人沟通时，驾驶员要目光平时对方，态度认真、诚恳，注意倾听，不急于打断旅客说话，不要边工作边应答；说话声调温和、声音清晰，用商量的语气，多使用“请”、“劳驾”、“对不起”、“不用客气”等敬语；忌问乘客的个人隐私，如年龄、婚姻状况、收入、财产等，不追问乘客不愿回答的问题；忌揭人短处，如身体残疾、生理缺陷等。

遇到旅客情绪激动，甚至有意找茬或强词夺理时，驾驶员多些包容，控制好情绪，不跟旅客争论，把理让给旅客，把面子让给旅客，做到得理让人。

制止乘客某种行为时，驾驶员要使用劝告、建议、请求的语句说话，不要用命令、训诫式的语句。

5 遇车辆发生人为纵火

未起火时，应设法稳定作案人情绪，与其周旋，组织乘客阻止其纵火行为的发生。

起火时，应立即降低车速，平稳靠边停车熄火，打开车门，迅速疏散乘客，关闭电源、燃油或燃气总开关。

当车门开关失效时，应使用应急开关打开车门或者打开逃生窗，使用安全锤等工具击碎车窗玻璃，迅速疏散乘客。紧急情况下，应积极组织动员乘客、社会公众等参与应急救援。立即拨打110、119和120报警电话，同时向单位报告。

使用车载灭火器扑救初期火情，就近寻求抢险援助。安全放置危险警告标志，必要时留下2名以上目击证人或其联系方式，保护现场，协助公安机关和医护人员开展现场调查和救援工作。

6 车内发现可疑爆炸物品或收到爆炸威胁

车内发现可疑爆炸物品时，驾驶员可以采取以下应急处置措施：

（1）立即降低车速，平稳靠边停车熄火，关闭电源、燃油或燃气总开关。

（2）以“车辆发生故障”为由，迅速疏散乘客。如乘客拒绝下车，应告知“车内发现可疑危险物品”，并劝告其下车。

（3）待乘客安全疏散后，安全放置危险警告标志，拨打110报警电话，并向单位报告，禁止触动可疑爆炸物品。

（4）使用车载灭火器，做好初起火情扑救准备。

在车辆行驶中收到爆炸威胁时，驾驶员不应存侥幸心理，而应宁可信其有，并克服畏惧和恐慌情绪。驾驶员可以采取以下应急处置措施：

（1）立即降低车速，选择安全区域靠边停车，尽量将车辆停靠在远离危险源和人流密集的地方。

（2）尽快组织乘客撤离现场，并迅速报警，等待警察抵达现场进行处置。

7 遇抢劫事件

在车辆行驶中发生车内暴力抢劫、伤人等紧急情况时，驾驶员要保持冷静，坚守岗位，确保行车安全。与作案人员周旋，适时用短信等方式报警或者将险情传递出去，设法疏散乘客，保护自身安全。在危急情况下，应果断停车熄火、拔下钥匙，防止作案人员利用车辆制造恶性事端。

尽量记清作案人员的体貌特征、衣着、口音、凶器等，协助公安机关调查。作案人员逃离现场时，驾驶员应观察其逃跑方向，立即拨打110报警电话，向单位报告，维护好现场秩序，保护现场，对伤员进行必要的救护，并视情拨打120急救电话。

三 道路旅客运输反恐防范知识

大型客车和途经重要线路的营运客车可能会发生纵火、爆炸、劫持车辆、劫持人质等恐怖袭击事件，驾驶员树立反恐防范意识，掌握基本的反恐怖防范知识，可以更好地保护自身和乘客的生命财产安全。驾驶员可按以下要求保持常规安保工作措施：

（1）在营运客车车厢内醒目位置标示报警短信或电话号码；在车内装备必要的自卫器械，确保遇到侵害时，驾驶员能有效应对。

（2）出车前，驾驶员要确认车载灭火器、安全锤、应急照明、安全出口、卫星定位装置和视频监控等设施设备完好有效，车底无异常附着物。收车后，驾驶员应对车内行李架、座椅和行李舱等进行检查，如发现可疑遗留物品，注意保护现场，不得擅自处理，立即报告安保部门或公安机关。

（3）进站时，客运驾驶员应主动接受客运站安保工作部门的登记、证件查验和安全检查，经同意后方可进入。

（4）发现乘客行李物品中夹带有枪支、弹药及其他疑似禁寄物品时，应立即向110报警。中途乘客下车提取行李时，驾驶员要陪同，记录乘客的下车时间、地点等信息。

（5）运输途中，驾驶员发现可疑情况或涉恐事件信息，应及时向110报警和向单位报告，配合公安机关开展调查。

未按规定落实反恐怖措施的处罚规定

根据《中华人民共和国反恐怖主义法》第八十六条的规定，长途客运经营者、服务提供者未按规定对客户身份进行查验，或者对身份不明、拒绝身份查验的客户提供服务的，由主管部门处10 万元以上50 万元以下罚款，并对其直接负责的主管人员和其他直接责任人员处10万元以下罚款。

第二节 道路货物运输知识

本节介绍了道路货物运输组织方式、货物受理与装载安全操作规范、货运商务知识、道路危险货物运输相关规定等。道路货物运输是指以载货汽车为主要工具，将货物运抵目的地的活动，运输过程要求迅速、准确、货物完整、安全。驾驶员掌握道路货物运输各环节的安全服务要求，掌握货物受理与装载操作规范，了解货运商务知识，能够更好地保障货运安全与服务质量，提高货运效率和经济效益。

一 道路货物运输组织方式

1 甩挂运输

甩挂运输是指牵引车按照预定的运行计划，在货物装卸作业点甩下所拖的挂车，换上其他挂车继续运行的运输组织方式。甩挂运输以充足的货源、完善的道路网络和信息系统、性能良好的牵引车以及规范的货运站场为基础，是网络化、信息化、组织化的一种现代化物流新形态。

1 甩挂运输的特点

甩挂运输在国际上得到了广泛的推广应用，已经成为非常普遍的先进运输组织方式。与传统单体车或者“定挂”运输方式相比，甩挂运输具有以下特点：

（1）有利于减少装卸等待时间，加速牵引车周转，提高单车利用率，提高车辆运输生产效率。

（2）完成同等运输量，可以减少牵引车和驾驶员的配置数量，降低牵引车的购置费用和运行费用，同时，有利于节省货物仓储设施，节约物流运营成本。

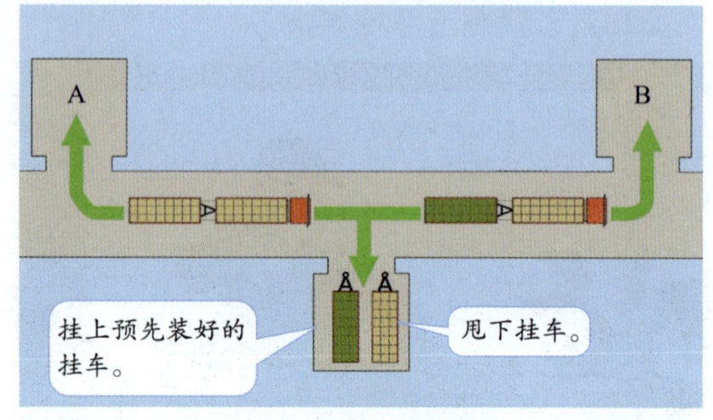

（3）有利于组织汽车运输与水路滚装运输、铁路驮背运输等多式联运，充分发挥各种运输方式的技术经济优势。

（4）有利于减少车辆空驶和无效运输，降低燃料消耗，减少汽车尾气排放。

2 甩挂运输组织要求

甩挂运输生产率的高低取决于汽车的平均载重量、平均技术速度和装卸停歇时间三个主要因素。甩挂运输适用于装卸能力不足、运距短、装卸时间占运行时间比重较大的条件下使用。目前甩挂运输方式在我国的作业类型主要有两种：一是为港口服务，在码头和集装箱堆场之间进行甩挂运输；二是为生产企业服务，在生产企业与码头（或堆场）之间进行甩挂运输。组织甩挂运输应注意以下几个方面：

（1）牵引车与挂车的组合不受地区、企业、号牌不同的限制，但牵引车的准牵引总质量应与挂车的总质量相匹配。

（2）牵引车与挂车之间的电连接器、气制动连接装置、ABS系统形式及接口应符合规定且相匹配。挂接后，货运驾驶员应检查灯光信号、制动系统工作是否正常，检查牵引车与挂车之间的匹配高度、回转间隙是否

符合要求。

（3）组织甩挂运输应有周密的运行作业计划，提前绘制牵引车运行图，并加强对甩挂运输的调度工作。

（4）在运行和装卸作业中，在机件设备、驾驶操作、甩挂作业等方面都必须严格按规范操作，遵守现场的监督和指挥。

2 多式联运

目前，货物运输有水路、公路、铁路和航空等多种运输形式，其中，水路运输具有运量大，成本低的优点；公路运输具有机动灵活，便于实现货物门到门运输的特点；铁路运输不受气候影响，可深入内陆和横贯内陆实现货物长距离的准时运输，周期较长；航空运输可实现货物的快速运输，成本较高。多式联运是指由两种及以上的交通工具相互衔接、转运而共同完成的运输过程。

1 多式联运的特点

多式联运具有以下特点：

（1）多式联运的货物主要是集装箱货物，因此，具有集装箱运输的特点。

（2）多式联运是一票到底，实行单一运费率的运输。发货人只要订立一份合同、一次付费、一次保险，通过一张单证即可完成全程运输，避免了单一运输方式多程运输手续多、易出错的缺点。

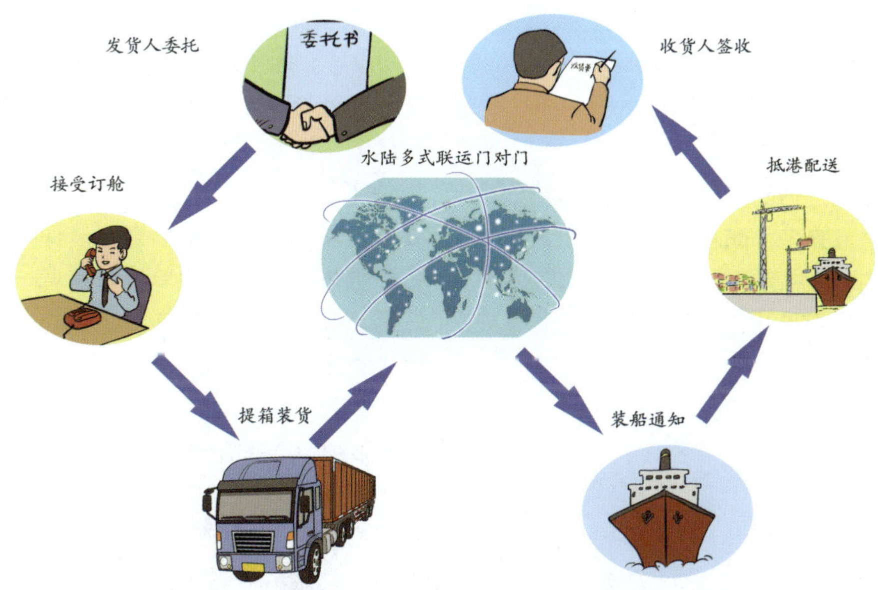

2 运输组织方式

多式联运可分为协作式和衔接式两种类型。

（1）协作式。协作式多式联运是指两种或两种以上运输方式的运输企业，按照统一的规章或商定的协议，共同将货物从接管货物的地点运到指定交付货物的地点的运输。

在这种联运方式中，一个承运人（或代表所有承运人的联运机构）与发货人订立运输合同，其他承运人都必须遵守该项运输合同。同时，每个承运人不但有义务完成自己区段的实际运输和有关的货运组织工作，还应根据规章或约定协议承担风险，分配利益。如果发生了货物灭失、损害和运输延误，由该区段的实际承运人承担相应的赔偿责任。

（2）衔接式。衔接式多式联运是指由一个多式联运经营者综合组织两种或两种以上运输方式的运输企业，将货物从接管货物的地点运到指定交付货物的地点的运输。

在这种联运方式中，运输组织工作与实际运输生产实现了分离，多式联运经营者负责全程运输组织工作，而各区段的实际承运人负责实际运输生产。多式联运经营者与发货方订立全程运输合同，向发货方收取全程运费及其他费用，并承担承运人的义务，同时，又与各区段实际承运人订立分运合同，向实际承运人支付运费及其他必要的费用。如果全程运输中发生了货物灭失、损害和运输延误，无论是否能确定发生的区段，发(收)货人均可向多式联运经营者提出索赔。

小知识

货运车型标准化知识

目前，我国各类货运车型庞杂，牵引车与挂车的连接和匹配缺乏标准规范，货车与铁路、船舶等其他载运工具以及物流设施设备等技术标准缺乏统筹对接，难以实现换装转运的“无缝衔接”，阻碍了甩挂、多式联运和运输装备模块化的发展。因此，我国政府推行货车车型标准化，引导车辆制造企业按照国家标准生产牵引车和挂车，同时，发布甩挂运输推荐车型目录，引导货运经营者选购车辆。

二 货物受理与装载安全操作规范

1 货物受理

货物受理是道路货物运输业务的初始环节，也是防范夹带、瞒报违禁物品和危险物品，确保道路货物运输安全的重要关口。

在受理零担货物托运时，承运人要遵守以下操作规范：

（1）依法与托运人签订运输合同，认真核对并登记托运单位、托运人及托运货物的品名、数量等真实信息。

（2）按照零担货物受理安全检查制度要求对货物进行抽检抽查，确保托运货物品名、数量等信息与运单填写信息一致，防止托运人在普通货物中夹带违禁物品，防止托运人瞒报危险物品。

（3）对于重点时段、运往重点区域和特殊场所的货物应进行开箱（包）验视，检查中发现违禁物品、可疑物品或瞒报危险物品的，应及时报告公安机关或相关管理部门。

案例

快递员开箱验货，截毒获奖励

2016年3月23日中午，几名男子来到广州白云区某快递公司，声称有一批货物要托运到境外。寄件人将纸箱包装的货物卸到仓库后，填写了发货单和寄件人身份信息。接单的快递员根据相关规定，坚持要对货物当面开箱检查时，寄件男子神情突然变得不自然，随后借故离开。快递员觉得这件事情十分可疑，立即报警。民警赶到现场后，对可疑男子准备寄出的全部货物进行开箱检查，并对封装的白色晶体物进行检验，发现该批白色晶体为毒品冰毒。由于快递员有较强的责任意识，发现可疑情况及时报警，使得该批毒品被成功拦截，获得了10万元现金奖励。

（4）检查货物包装是否良好，包装轻度破损，托运人坚持装箱起运的，需经承运人同意并做好记录，双方签字盖章后，方可承运，由此而产生的损失由托运人负责。

受理整批或者拼箱货物时，承运人要遵守以下操作规范：

（1）核对实际货物与运单记载的货物名称、性质、数量、质量、体积、包装方式等是否相符，发现与运单填写不符的，不予办理交接手续。

（2）检查货物包装是否良好，包装破损可能危及运输安全的，不予办理交接手续。

（3）根据有关规定对可疑货物进行开箱（包）检查，确保托运的货物与运单填写的货物一致，防止托运人将禁运物品、违禁物品、危险物品和限运、凭证运输货物谎报

限运、凭证和禁止运输货物知识

限运、凭证运输的货物是指根据国家有关法律法规的规定，必须向有关部门办理准运手续后方可运输的货物，如枪支、烟草、麻醉药品、剧毒化学品、木材、野生动植物、致病微生物、血液制品、核材料、食盐等。在受理法律法规规定限运、凭证运输的货物时，应当查验有关运输手续是否齐全、有效，如品名、数量是否一致，是否在有效期内，是否有指定线路等。

禁止运输的货物一般是非法生产的违禁物品，如毒品、伪劣药品以及伪造、变造、非法印刷的人民币。货运经营者不得运输法律、行政法规禁止运输的货物。法律、行政法规规定必须办理有关手续后方可运输的货物，货运经营者应当查验并确认有关手续齐全有效。

承运人受理凭证运输或需有关审批、检验证明文件的货物后，应当在有关文件上注明已托运货物的数量、运输日期，加盖承运章，并随货同行，以备查验。

或者匿报为普通货物。

承运人运输整箱货物前，应核对箱号，检查箱体和封志，发现箱体损坏或铅封脱落，需经交接人及封志监管单位签认或重新施封后，方可起运。

小知识

未按规定落实反恐怖措施的处罚规定

根据《中华人民共和国反恐怖主义法》第八十五条的规定，公路货运物流运营单位有下列情形之一的，由主管部门处10万元以上50万元以下罚款，并对其直接负责的主管人员和其他直接责任人员处10万元以下罚款：

（1）未实行安全查验制度，对客户身份进行查验，或者未依照规定对运输、寄递物品进行安全检查或者开封验视的；

（2）对禁止运输、寄递，存在重大安全隐患，或者客户拒绝安全查验的物品予以运输、寄递的；

（3）未实行运输、寄递客户身份、物品信息登记制度的。

2 货物装载规定

驾驶员应当在载货汽车核定的载质量限额内运送货物，严禁超载。超限运输车辆未经公路管理机构批准，不得在公路上行驶。经批准进行超限运输的车辆，应当随车携带超限运输车辆通行证，按照公路管理机构核定的时间、路线和速度行驶，并悬挂明显标志。

小知识

超限超载运输的相关处罚规定

根据《公路安全保护条例》的规定，对1年内违法超限运输超过3次的货运车辆，由道路运输管理机构吊销其车辆营运证；对1年内违法超限运输超过3次的货运车辆驾驶员，由道路运输管理机构责令其停止从事营业性运输；道路运输企业1年内违法超限运输的货运车辆超过本单位货运车辆总数10%的，由道路运输管理机构责令道路运输企业停业整顿；情节严重的，吊销其道路运输经营许可证，并向社会公告。

根据交通运输部、工业和信息化部、公安部、工商总局和质检总局联合发布的《关于进一步做好货车非法改装和超限超载治理工作的意见》的要求，对因超限超载发生事故，致人伤亡或者造成公路桥梁垮塌等公私财产遭受重大损失，构成犯罪的，移送司法机关，依法追究刑事责任。

根据《超限运输车辆行驶公路管理规定》和《整治公路货车违法超限超载行为专项行动方案》（交办公路〔2016〕109号）的规定，有下列情形之一的公路货物运输车辆，属于超限运输车辆：

（1）车货总高度从地面算起超过4m；

（2）车货总宽度超过2.55m；

（3）车货总长度超过18.1m；

（4）车货总质量超过下表中相应车型的总质量限值。

公路货运车辆超限超载认定标准

轴数	车型	图例		总质量限值（t）
2	载货汽车		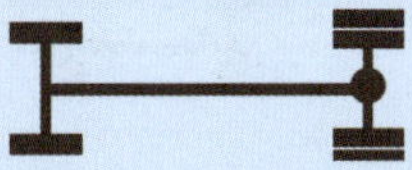	18
3	中置轴挂车列车		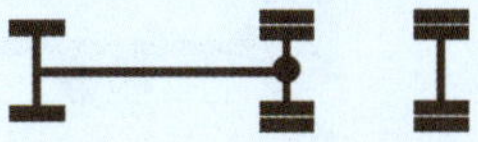	27
	铰接列车	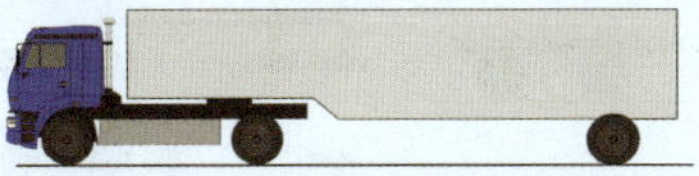	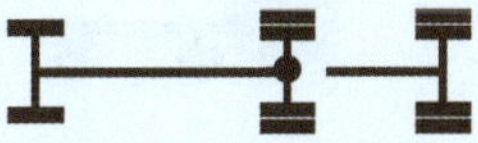	
	载货汽车	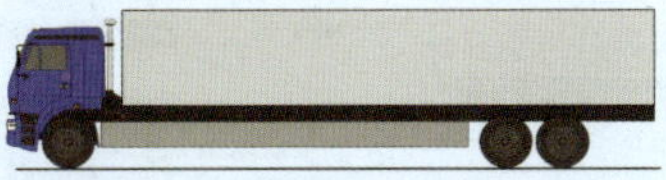	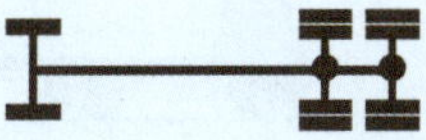	25
		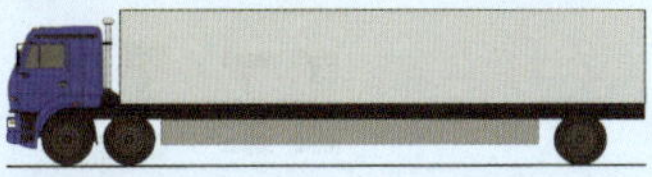	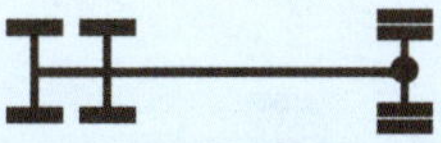	
4	中置轴挂车列车		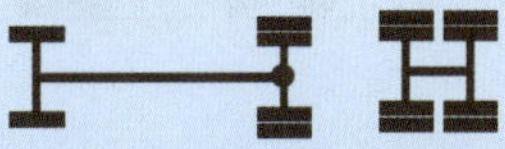	36
			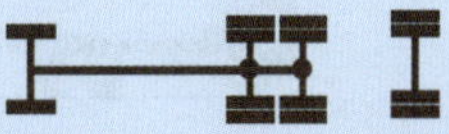	35
	铰接列车	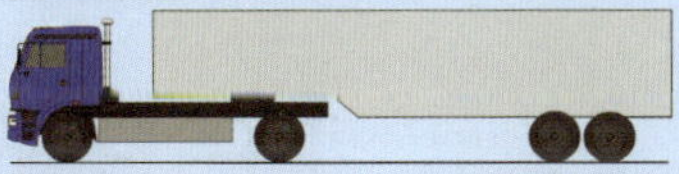		36
	全挂汽车列车	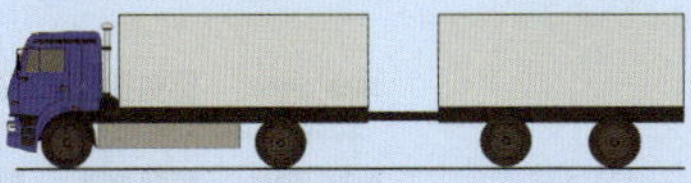	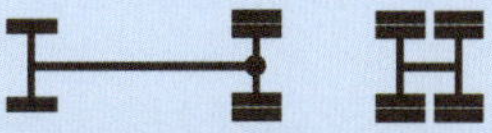	
	载货汽车			31
5	中置轴挂车列车			43
		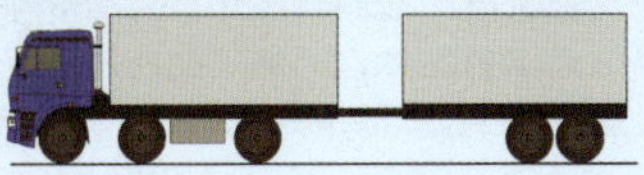		

续上表

轴数	车型	图例	总质量限值（t）
5	铰接列车		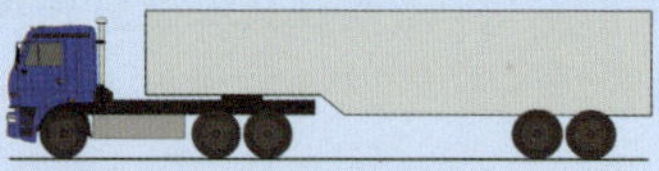 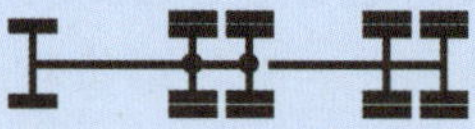 43
			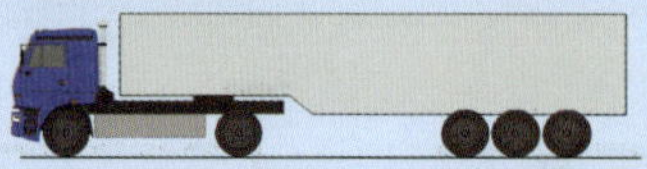 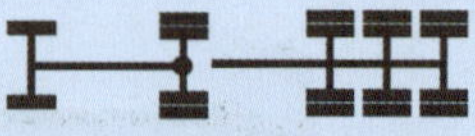 42
	全挂汽车列车		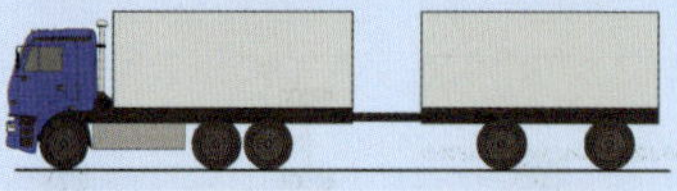 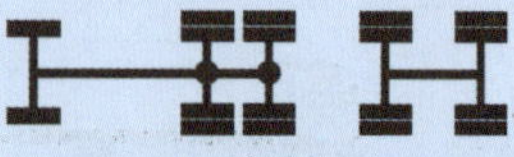 43
6	中置轴挂车列车		  49
			 46
			  49
			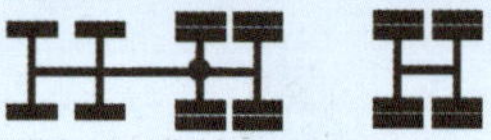 46
	铰接列车		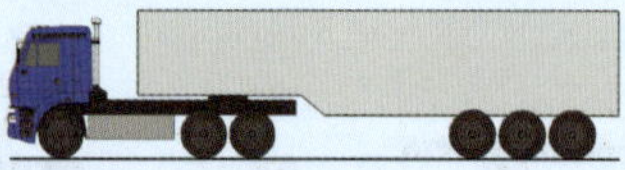 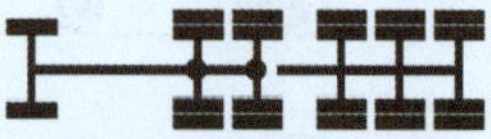 49
			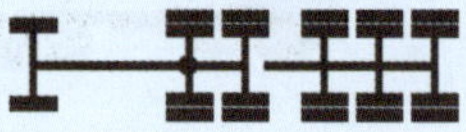 46
			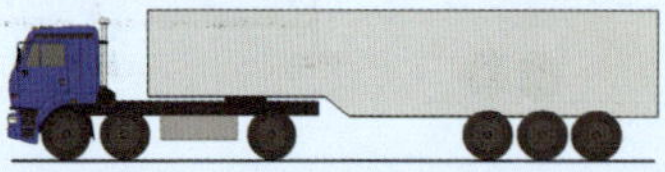 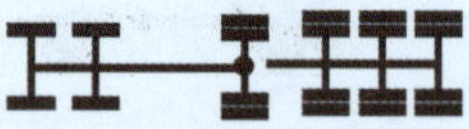 46
	全挂列车		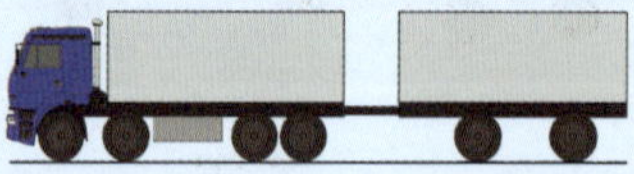 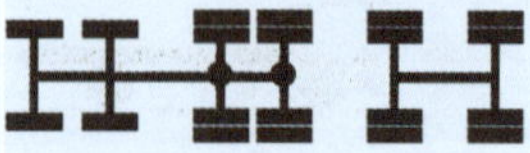 49
			 46
备注	（1）二轴货车车货总重还应当不超过行驶证标明的总质量。 （2）除驱动轴外，图例中的二轴组、三轴组以及半挂车和全挂车，每减少两个轮胎，其总质量限值减少3t。 （3）安装名义断面宽度不小于425mm轮胎的挂车及其组成的汽车列车，驱动轴安装名义断面宽度不小于445mm轮胎的载货汽车及其组成的汽车列车，其总质量限值不予核减。 （4）驱动轴为每轴每侧双轮胎且装备空气悬架时，3轴和4轴货车的总质量限值各增加1t；驱动轴为每轴每侧双轮胎并装备空气悬架，且半挂车的两轴之间的距离$d \geqslant 1800$mm的4轴铰接列车，总质量限值为37t。 （5）图例中未列车型，根据《汽车、挂车及汽车列车外廓尺寸、轴荷及质量限值》（GB 1589—2016）规定，确定相应的总质量限值。		

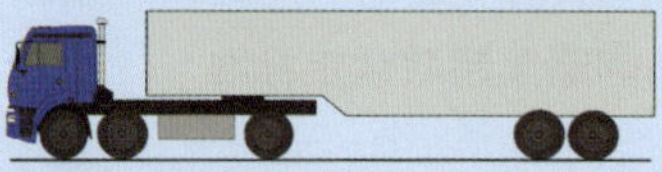

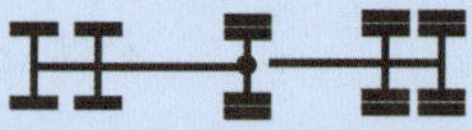

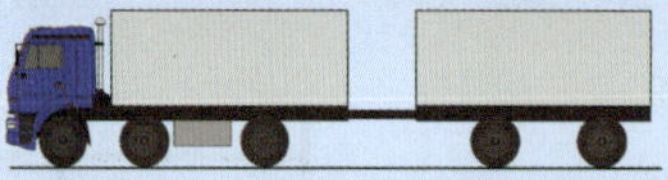

3 货物装载原则

为了保障道路货物运输安全、高效，货物装载应遵循以下原则：

（1）选择合适的运输车辆。运输车辆的种类较多，有厢式货车、集装箱车、平板货车、仓栅式货车、罐式货车等，车辆的选择应满足安全、高效的要求，适合所运货物的种类、特性、外形尺寸、货运量以及运输距离等。

对于原木、木板、钢筋等长条状货物，所选择的运输车辆应有足够的长度，防止因货物超出货厢而影响货物转弯时的安全性。

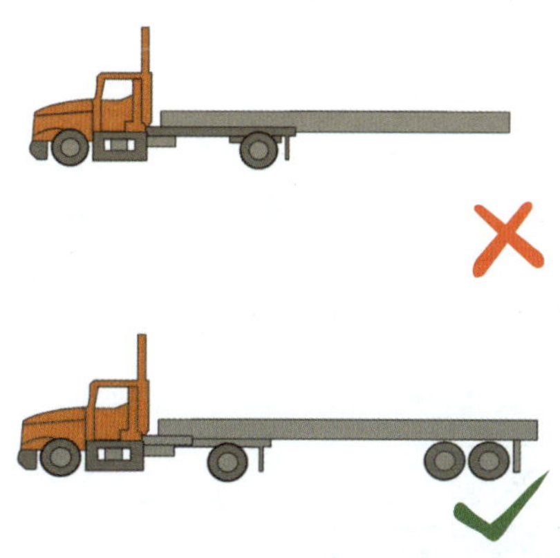

对于流体货物和松散货物，所选择的运输车辆应装备能够完全容纳货物的货厢，货厢的结构和设计应尽可能减少货物在货厢内的移动，以降低对车辆行驶稳定性的影响。

松散货物的运输车辆车厢顶部应具备密封装置，或者使用防水篷布将货物覆盖，以避免货物遗洒或淋雨。流体货物运输车辆的罐体内部应尽可能设置隔板，防止流体货物未全部充满罐体时，部分流体在罐体内流动对车辆造成的冲击。

（2）货物装载顺序应遵循“后到先装，先到后装”的原则，尽可能将最后送达的客户的货物放置于紧靠货箱最前端的位置，第一位送达的客户的货物则紧靠后挡板放置。

（3）正确布置货物。驾驶员要确保在载货汽车核定的载质量限额内配载货物，严禁超载。同时，还要注意车辆轴载质量应符合要求。

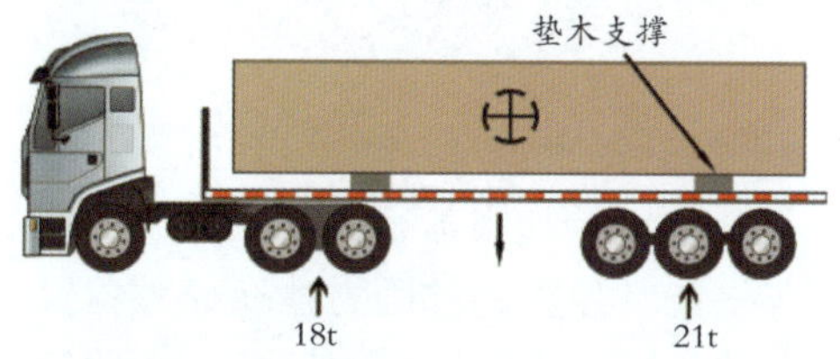

配载时，装载人员要注意使货载质量尽可能均匀地分布于载货平面，沿车辆纵向中心线均衡顺装，较重的物件尽量放置于货载平面的中部，尽量降低整车重心位置。

（4）根据货物特性、车辆货厢结构与加固点选择填充、货物加固装置，并对货物施加适当的约束。西瓜、蔬菜等散装货物之间的空隙可以使用稻草、纤维等填充物，防止碰撞、移动。对起脊装运的成件包装货物或袋装货物采用绳网加固，对大型货物采用阻挡和拴紧带等装置加固，并根据相关标准的规定对货物施加合适的约束力，防止货物窜动、倒塌和坠落。

4 常见货物加固方法

对货物进行加固前，应首先明确货物加固的方法。常用货物加固方法有摩擦拴紧加固、直接拴紧加固、阻挡加固、将货物容纳在车体结构中等类型。

1 摩擦拴紧加固

摩擦拴紧加固是通过增大货物与承载面之间的摩擦力，并在货物重力方向上增加一个垂直向下的力，从而实现货物固定的方法。

对于耐压且不会压缩变形的单件货物或者堆码整齐且无空隙的货物，可利用拴紧带、绳等拴紧装置对货物采用横向或纵向下压捆绑加固的方法，通过施加额外的下压力来增大接触表面的摩擦力，从而对货物起到固定作用。

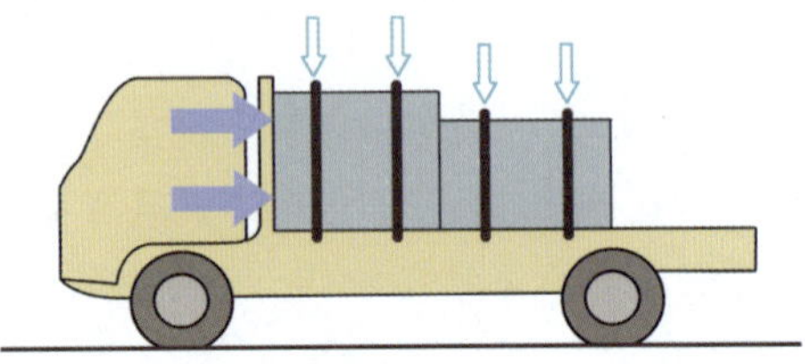

捆绑货物时，捆绑的角度影响作用力的大小，捆绑角度越大，货物受到的作用力也会越大。国外研究表明，捆绑角度不宜小于30°，捆绑角度90°时的作用力最大，但同时要注意防范货物侧翻的风险。

货物捆绑角度及其固定效果

图　例	捆绑角度（°）	固定效果（%）
	90	100
	60	85
	45	70
	30	50
	15	25

为了增加摩擦力，可在货厢底板与货物的接触面之间放置橡胶垫、木垫等防滑材料，增强防滑效果。

为了避免拴紧带（绳）和货物因捆绑作用力而出现异常磨损，在拴紧带（绳）与货物、车辆棱角接触处可采取必要的防磨措施。

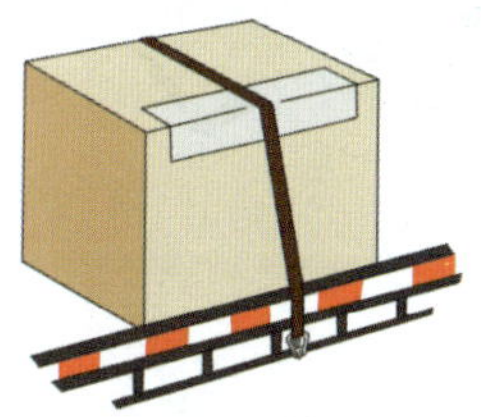

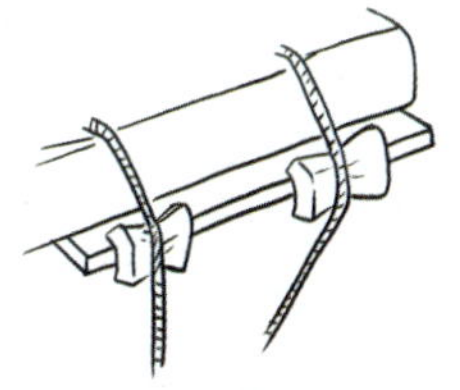

2 直接拴紧加固

直接拴紧加固是采用拴紧带、绳等拴紧装置直接将货物与运输车辆的加固结构或专用拴紧点连接，从而实现加固的方法，包括平行斜拉拴紧、交叉斜拉拴紧、环形拴紧和弹性拴紧等方式。

平行斜拉拴紧是指相对货物装载方向对称平行使用具有相同垂直角度的两条同样的绳索固定货物，如采用“八”字形或倒“八”字形平行斜拉拴紧方式。在捆绑时，要注意选取合适的栓固位置。

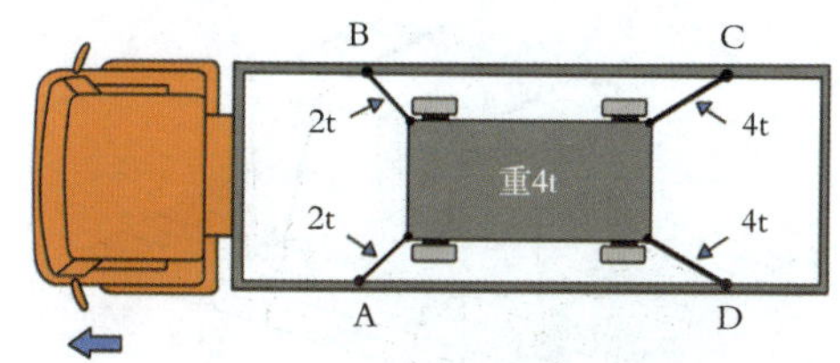

“八”字形平行斜拉拴紧加固

对于不稳定货物，可采用在货物某一方向上进行阻挡以及交叉斜拉拴紧的方法共同固定货物，如采用“又”字形、反“又”字形交叉斜拉拴紧方式，并合理使用阻挡装置。

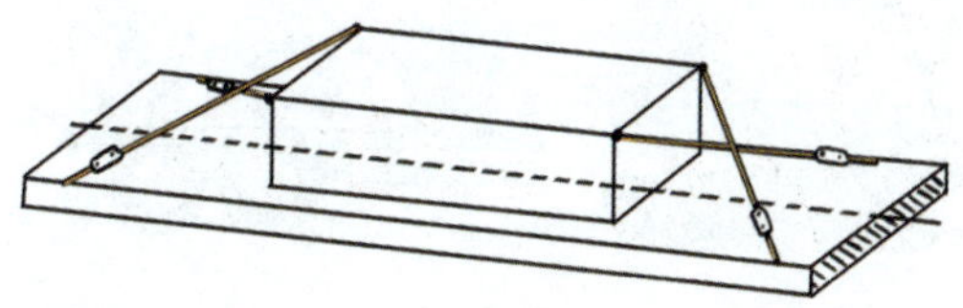

“又”字形交叉斜拉拴紧加固

采用交叉斜拉拴紧方式时，要注意选取合适的货物栓固位置和车辆上的拴紧点位置，避免出现集中受力。

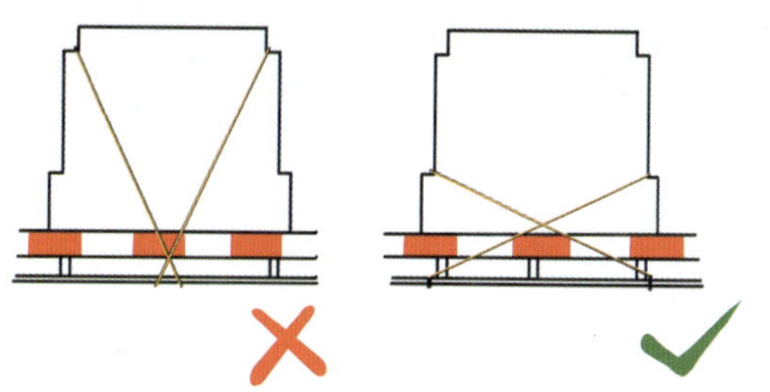

对于排水管等较长的柱状物，由于货物没有连接点，至少使用两对绳索环形拴紧固定货物，且沿货物的纵向使用阻挡装置。

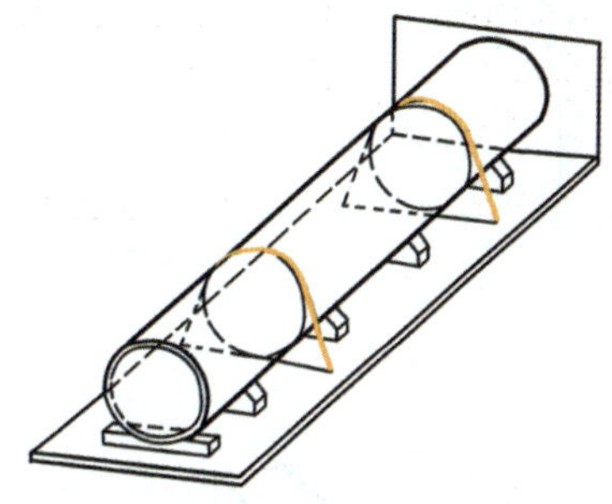

对于气瓶、油桶等圆柱形货物，宜将货物成组捆绑，并将货物贴近货厢前部直立摆放，同时在侧面将货物固定牢靠。

在运输原木、钢板等长条、成垛堆码货物时，可使用钢丝绳或其他专用捆绑固定器材，对每垛起脊部分做整体捆绑固定。

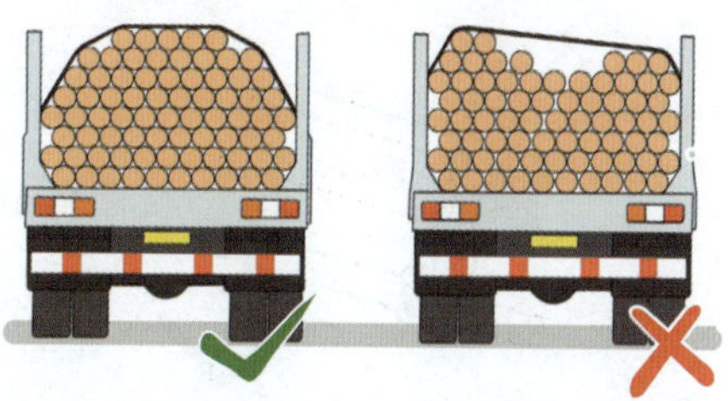

当成件包装货物的装载宽度超出货车端侧板时，应层层压缝，梯形码放，四周货物倾向中间，两侧超出侧板的宽度应一致，并采用端部交叉捆绑方法，也可采用端部双交叉捆绑方法。由于货物没有连接点，可通过连接到货物顶边的索套对货物固定。捆绑时，禁止使用绳索仅绕过货物侧面和端面，而不绕过货物顶面的捆绑。货物起脊部分应使用上封式绳网等进行加固。

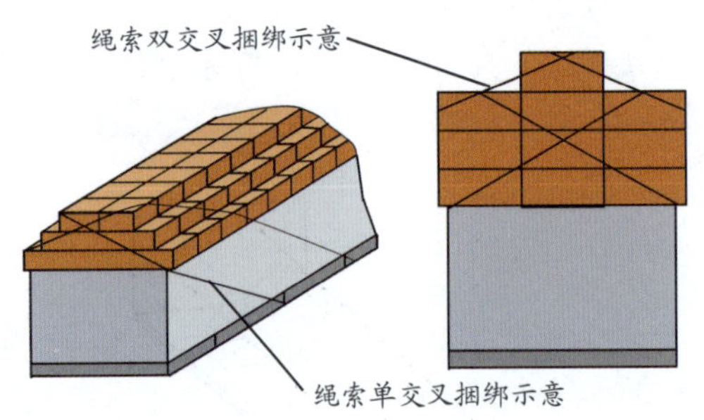

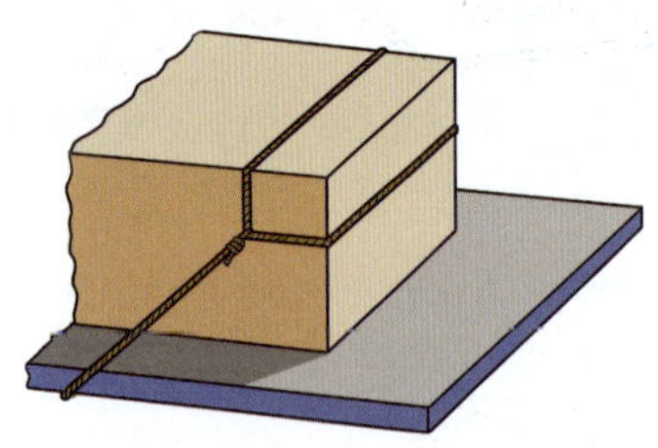

为了保证捆绑的牢固性，系固点应有足够的强度，且栓固时，应保证栓固位置不会变形。

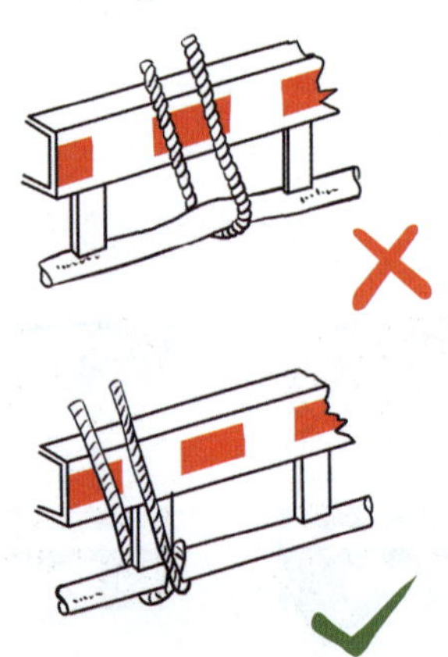

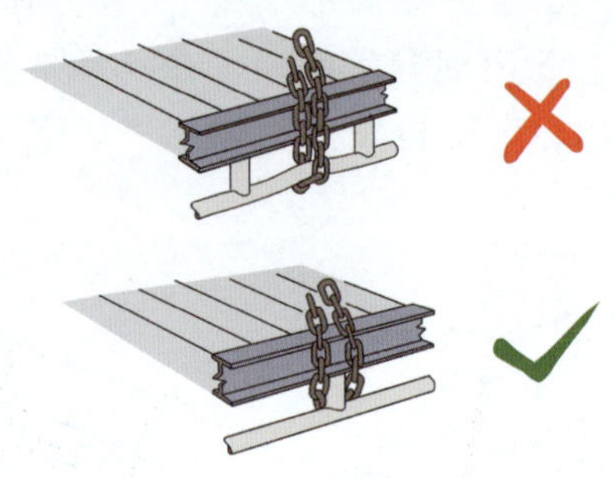

3 阻挡加固

阻挡加固是在货物的纵向或横向方向上，对货物设置限制货物发生位移或姿态改变且具有足够强度的阻挡装置，从而实现货物加固的方法。

对超出货车端侧板高度的成件包装货物，可用挡板（壁）、支柱等加固。布置在货厢中部的货物，应在其周边使用挡板等进行加固。

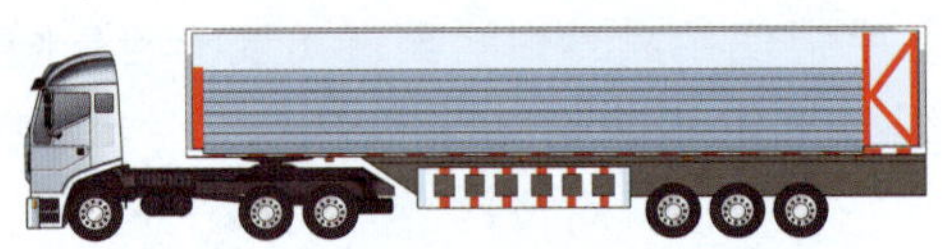

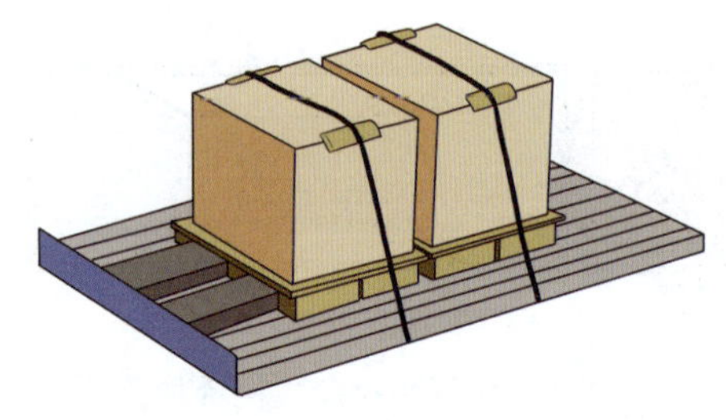

装运圆柱形货物时，可选用适当规格和材质的凹木、三角挡、座架等材料和装置，并采取腰箍下压、拉牵等加固方式。

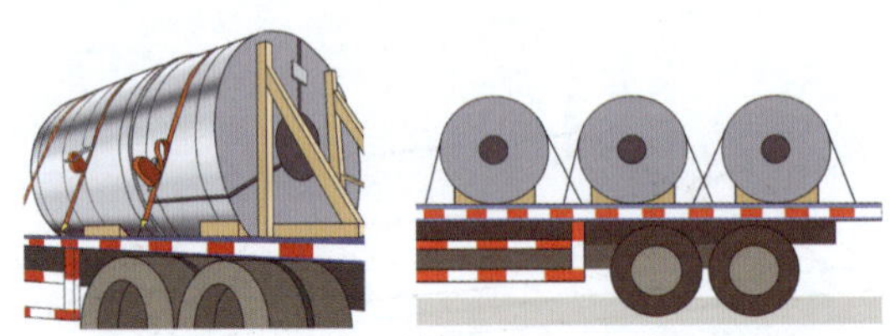

装运球形货物时，应选用适当规格、具有足够强度、能保证货物稳定的座架，确保

货物底部不与车底板接触。对无拴结点、加固较为困难的球形货物，可采用在球体上部加装套圈，套圈四周引出系固点，与车体进行加固。

对于超限、超长货物装车后，应用白色或红色油漆标划易于判定货物是否移动的检查线。

4 将货物容纳在车体结构中

将货物容纳在车体结构中是指将货物容纳在或包含于运输车辆特殊的承载装置中，从而实现货物加固的方法。如将液体货物容纳在罐式运输车的液灌中，将货物充满箱式运输车的箱体中等。

三 道路货运商务知识

1 货运业务洽谈

货运经营者在受理大宗货物或接受大客户的定期货物运输任务前，往往需要与客户进行业务洽谈。掌握一定的业务洽谈技巧，可以提高双方合作的成功率。在业务洽谈过程中，叙述与倾听是基础，提问与答复是主体，说服、拒绝和让步三者共同构成整个洽谈的框架。

1 说服

在说服对方时，需要注意以下事项：

（1）耐心倾听，掌握对方真实诉求。通过对方的话语准确判断其对运输任务的具体要求，包括其对运输时间、运输安全、运输价格等的关注程度。

（2）先易后难，循序渐进。针对对方的诉求，权衡其实现的难易程度，再按“先易后难”的次序，先谈如何保证运输安全、准时等容易达成共识的问题，再商讨运价等分歧较大的问题，从谈判开始就表达出合作的诚意，创造出友好的洽谈气氛。

> **小知识**
>
> **道路货物运输价格指数**
>
> 近年来，道路普通货物运力供给过剩，道路货物运输同质化、低水平竞争普遍存在，低价恶性竞争现象加剧，同时，运输成本要素普遍上涨，道路货物运输价格没有得到及时地调整，超限、超载现象屡禁不止，重特大道路安全事故时有发生。因此，交通运输管理部门组织对道路货物运输平均合理成本进行调查和测算，定期向社会公告道路货运市场供需状况、运价水平、平均利润率等信息（全国道路货物运输价格指数查询网址：http://wuliu.rioh.cn/yj/index.html），为运力进入与退出市场提供指导，为承托运双方进行议价提供依据，促进合理运输价格的形成。

（3）强调一致，激发认同。强调双方利益的一致性与互惠性，特别要强调有利于

对方的各项条件，激发对方的积极性。

② 拒绝

在业务洽谈时，拒绝是一项极难掌握且极其有用的语言技巧。在拒绝客户所提的要求或条件时，需要注意以下事项：

（1）当准备拒绝对方所提的要求或条件时，先对对方加以适度的赞赏，摆出对对手的理解与尊重，然后，再就双方看法不一致的实质性内容进行阐述，避免对抗心理的产生。

（2）如果对方提出的要求超过了我方所能接受的限度时，可以把对方的要求分解为若干个由于客观原因而无法解决的方面，通过对“个体”的拒绝达到对“全体”的拒绝。

（3）如果正面拒绝对方提出的意见和要求可能引起不必要的争论时，可以采用幽默、说笑、答非所问等形式，向对方暗示拒绝。比如“您提出的这个运价让我方怎么好接受呢？如果真按这个运价执行，我方只能关门了。”

③ 让步

为了达成合作，洽谈双方应把握好争执的度，彼此作出适当的让步。在给对方作出让步时，需要注意以下事项：

（1）在不损害自身根本利益的前提下，尽可能满足客户的合理要求，表达合作的诚意。

（2）一方作出某一幅度的让步时，另一方也相应地作出同等幅度的让步，促成合作。

（3）让步应控制在合理范围内，且让步的幅度应遵循递减的方式，暗示对方，我方的让步是有限度的。

2 签订货运合同

货物运输合同是承托双方在平等自愿、等价有偿的基础上进行约定，由承运人将货物从起运地点运输到约定地点，托运人或者收货人支付票款或者运输费用的合同，是双方权益的一种法律保障，一般以书面形式为宜。书面形式合同分为定期运输合同、一次性运输合同和道路货物运单三种。

定期运输合同适用于承运人、托运人、货运代办人之间商定时期内的和批量货物的运输，一次性运输合同适用于每次货物运输。货物运单既是办理道路货物运输及运输代理的最原始依据，又是划清承运人与托运人、收货人之间责任的重要依据。货物运单是承托双方之间，为运输货物而签订的一种运输合同凭证，是货运经营者接受货物并在运输期间负责保管和据以交付的凭证，也是记录车辆运行和作业统计的原始凭证。

小知识

道路货物运输合同主要内容

与托运人签订合同时，应当列明以下事项：（1）货物名称、质量、数量、体积；（2）货物包装；（3）托运人、收货人、承运人名称及其详细地址、邮政编码、电话号码；（4）装货地点、卸载地点；（5）运输日期；（6）运输费用和费用结算方式；（7）货物价值，是否保价、买保险；（8）运输要求和特约事项；（9）责任划分。

3 货运需求与服务技巧

客户托运需求一般包括运输的安全性、便携性、可靠性和经济性。在执行货物运输任务的过程中，驾驶员应当根据客户的托运需求，开展有针对性的服务。

货物托运需求和服务技巧

需求类型	服务技巧
安全性	（1）检查货物包装是否满足安全运输要求； （2）对货物装卸过程进行监督，并检查货物加固是否牢固； （3）运输途中对货物进行必要的安全检查； （4）车辆运行过程中采取安全文明驾驶方法
便捷性	（1）增加货源组织站点或者尽可能采取上门服务； （2）减少托运和交接过程不必要的手续
可靠性	（1）核对货物运单和货物品种、数量是否一致； （2）对运输途中温度、湿度等有特殊要求的，及时进行检查； （3）尽可能减少货物运输中转作业环节； （4）交付时，核对相关证件、单据和货物
经济性	（1）充分利用车辆装载容积和载质量； （2）根据实际情况采用先进的运输方式，如甩挂运输

4 货运事故处理

货运事故是指货物运输过程中发生货物毁损或灭失。货运事故和违约行为发生后，承托双方及有关方应编制货运事故记录。货物运输途中，发生交通肇事造成货物损坏或灭失，承运人应先行向托运人赔偿，再由其向肇事的责任方追偿。

货运事故发生后，承运人应及时通知收货人或托运人。收货人、托运人知道发生货运事故后，应在约定的时间内，与承运人签注货运事故记录。收货人、托运人在约定的时间内不与承运人签注货运事故记录的，或者无法找到收货人、托运人的，承运人可邀请2名以上无利害关系的人签注货运事故记录。

当事人要求另一方当事人赔偿时，应提出书面赔偿要求，并附运单、货运事故记录和货物价格证明等文件。要求退还运费的，还应附运杂费收据。

货物的毁损、灭失的赔偿额，当事人有约定的，按照其约定；没有约定或者约定不明确的，可以在合同生效后及时补充协议；不能达成补充协议的，按照交付或者应当交付时货物到达地的市场价格计算。法律、行政法规对赔偿额的计算方法和赔偿限额另有规定的，依照其规定执行。

防止货物损失的方法

货物运输途中，货物、车辆燃油和轮胎等被盗事件时有发生，面对这种非正常损失，驾驶员痛心不已。行车途中，驾驶员除注意行车安全外，还要采取一些防范货物被盗的安全措施。

（1）厢式货车装货后，要锁好车门，贴好铅封；敞式货车装货后，要对货物进行捆绑、固定，并用篷布、绳索进行必要的整车捆绑。

（2）行车中，遇道路拥堵或者爬坡速度较慢时，要注意观察车辆后侧的情况，尤其注意无故紧跟的车辆，发现绳索断裂、货物遗洒等异常情况时，及时停车检查。

（3）货车驶入港湾、服务区休息时，尽量将车辆停放在安装有监控设备的区域，锁好车门，检查货物捆绑、固定情况，安排人员轮流看守。

（4）夜间选择正规、安装有监控设备的停车场停放车辆。停放车辆时，车辆燃油箱靠墙。

（5）与其他货运驾驶员进行交流，了解易发生货物被盗事件的路段，提前做好路线规划和防范措施。

四 道路危险货物运输的相关规定

从事道路危险货物运输，必须具备相应的经营资质条件，向设区的市级道路运输管理机构提出申请，取得道路危险货物运输经营许可。

爆炸品　爆炸品　爆炸品　易燃气体　不燃气体　有毒气体　易燃液体

易燃固体　自燃物品　遇湿易燃物品　氧化剂　有机过氧化物　剧毒品　有毒品

有毒品（远离食品）　感染性物品　一级放射性物品　二级放射性物品　三级放射性物品　腐蚀品　杂类

《道路危险货物运输管理规定》对违法经营行为有以下规定：

（1）未取得道路危险货物运输许可，擅自从事道路危险货物运输的，或者非经营性道路危险货物运输单位从事道路危险货物运输经营的，由道路运输管理机构责令停止运输经营，有违法所得的，没收违法所得，处违法所得2倍以上10倍以下的罚款；没有违法所得或者违法所得不足2万元的，处3万元以上10万元以下的罚款；构成犯罪的，依法追究刑事责任。

（2）未取得道路危险货物运输从业资格证的驾驶人员、装卸管理人员和押运人员从事道路危险货物运输的，由道路运输管理机构责令改正，并处5万元以上10万元以下的罚款；构成犯罪的，依法追究刑事责任。

第七章 道路运输节能减排知识

本章介绍了道路运输车辆燃料消耗的影响因素及节能方法，以及道路运输节能驾驶操作方法、燃气汽车与节能新技术的使用常识。

第一节 道路运输车辆燃料消耗影响因素与节能方法

本节介绍了道路运输车辆燃料消耗的影响因素、道路运输车辆节能方法途径。随着道路运输车辆保有量的持续增加，能源消耗、汽车尾气排放等给城市环境和人民生活带来了危害，不仅影响了人们的生活，而且还严重危及人们的身心健康。驾驶员树立节能与环保意识，在车辆选型与使用过程中提高节能与环保技术水平，是社会实现可持续发展的重要保障，也是驾驶员的社会责任。

一 车型特征带来的影响与车型选择方法

1 车型特征带来的影响

行车中，汽车会受到行驶阻力的影响，车型不同，汽车受到的行驶阻力会有很大的差异，产生不同的燃料消耗效果。

（1）汽车自重和载质量。汽车自重和载质量越大，惯性越大，需要消耗更多的燃料来维持运行。此外，针对长途运输、城市物流配送等不同运输业务的特点，提高实载率，可以改善燃油经济性。比如长途运输选用大吨位重型货车，虽然其单车百公里油耗高，但其吨公里油耗相对要低。

（2）汽车外观。在同一速度条件下，不同车身形状的车辆所受到的空气阻力不同，车辆迎风面积越大，空气阻力越大。模拟研究结果表明，以某敞式货车未采取任何措施时所受的空气阻力为100%计算，当用篷布将车厢货物盖严实后，空气阻力能减少27%；当选用厢式或集装箱替代敞式车厢后，空气阻力能减少40%；当在厢式或集装箱货车上安装导流罩后，空气阻力能减少57%。

（3）汽车节能技术与新能源车辆。选择使用了车身轻量化技术、降低空气阻力技术、节能型发动机等节能技术的车辆，可以有效降低燃料消耗。压缩天然气（CNG）汽车、液化天然气（LNG）汽车、电动汽车等清洁车辆与新能源车辆的使用，不仅可以节约能源，还能有效减少有害气体排放。

2 车型选择方法

在新车选型或更新车辆时，应根据货物类型、运量、运距、道路条件及汽车燃料供应情况等条件，综合考虑安全性、动力性、装载容量、可靠性与维修性等因素，合理选配车辆。

（1）在汽车动力性能相近的情况下，宜选择使用铝合金、碳纤维材料等车身轻量化技术、自重轻的车辆。

（2）从事高速公路、干线公路货物运输业务，宜选用大吨位重型货运车辆和汽车列车；从事短途货物运输和市内物流配送业务，宜选用中小型货运汽车。

（3）从事高速公路、干线公路运输业务，宜选用车身流线型好的客车，选用装备有驾驶室顶导流板、车顶整流罩、底盘裙边、驾驶室延伸等附属装置的货车。

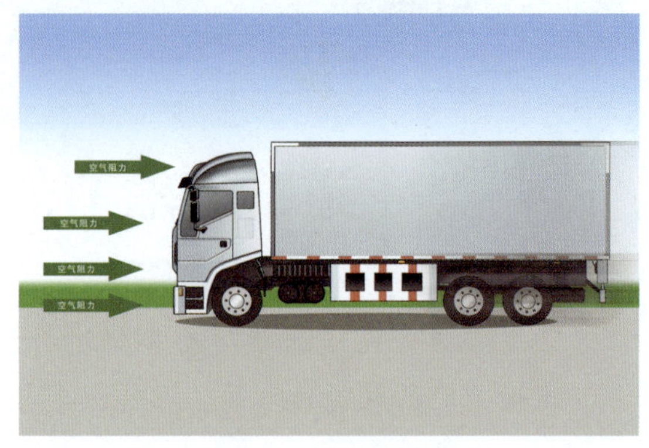

（4）选择装备有发动机热管理系统、涡轮增压技术、高压共轨技术、发动机负载智能驱动技术等节能技术的汽车。

（5）如车辆行经区域具备燃气供应、充电条件，可选用压缩天然气（CNG）汽车、液化天然气（LNG）汽车、电动汽车等清洁燃料车辆和新能源车辆。

小知识

道路运输车辆燃料消耗量达标车型管理制度

为了对道路客货运输车辆的燃料消耗量进行约束，同时帮助道路运输企业合理选择节能车型，有效降低道路运输业的能源消耗，交通运输部颁布实施了《道路运输车辆燃料消耗量检测和监督管理办法》（交通运输部令2009年第11号），对总质量超过3500kg的道路客货运输车辆实行燃料消耗量达标车型管理制度，即道路客货运输车辆的燃料消耗量应满足限值要求，并定期公布《道路运输车辆燃料消耗量达标车型表》。不符合要求的车辆（未列入《道路运输车辆燃料消耗量达标车型表》或者与《道路运输车辆燃料消耗量达标车型表》所列装备和指标要求不一致的），县级以上道路运输管理机构不对车辆配发《道路运输证》。

二 车辆使用的影响与节能方法

1 车辆使用的影响

新车在磨合期使用不当，比如长时间高速行驶、发动机长时间高转速、超载运输等，会导致车辆机件磨损加快、紧固件易松动等情况，增加燃料消耗。

车辆燃料的选择对车辆技术状况、油耗和尾气排放具有较大的影响。比如在低温条件下，汽油雾化效果差，高牌号柴油的流动

性不好，起动发动机会变得困难，增加燃料消耗；选用劣质燃油，会增加燃料消耗，还会损坏发动机。

轮胎对汽车滚动阻力的影响很大，包括轮胎类型、轮胎花纹深度、轮胎气压等因素。子午线轮胎与普通斜交轮胎相比要节约燃料，当轮胎气压高于或者低于标准气压时，汽车的滚动阻力均会增大，增加燃料消耗。

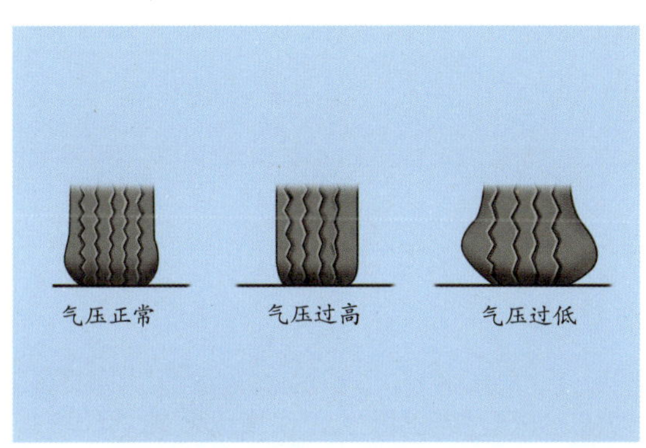

车辆维护不当出现技术状况不良时，比如空气滤清器太脏、火花塞有积炭或不工作、车轮定位不准、传动系出现异响、消声器破损等，都会不同程度地增加燃料消耗。

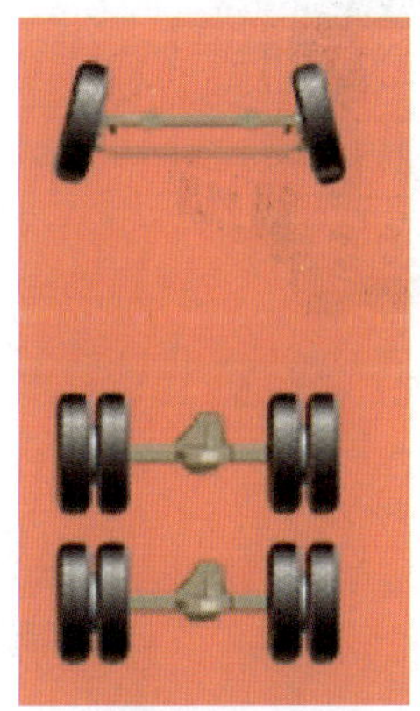
轮胎定位不当

轮胎定位正常

2 车辆使用中的节能方法

按照要求做好车辆的日常检查和维护、一级维护和二级维护，及时更新或淘汰燃料消耗量、汽车尾气污染物排放不符合要求的车辆。新车在磨合期，根据车辆使用说明书使用和维护车辆，避免超载、长时间高速行驶等驾驶行为。

根据车辆使用说明书、车辆所经区域的气候条件等，选择正确的汽、柴油牌号。对于柴油汽车，驾驶员主要依据车辆行经地区风险率为10%的最低气温来选择柴油的牌号，一般以低于当地最低气温4~6℃为宜。比如0号柴油适合于最低气温在4℃以上的地区，-10号柴油适合于最低气温在-5℃以上的地区。

经常低速行驶的汽车适宜采用加深花纹或超深花纹轮胎，经常高速行驶的汽车不宜采用加深花纹和横向花纹的轮胎，防止轮胎过分生热造成早期损坏。对于大型车辆，可使用新型宽截面轮胎代替双胎，用无内胎轮胎代替传统的有内胎轮胎。

三 车辆运行条件与驾驶习惯的影响及节能方法

1 车辆运行条件与驾驶习惯的影响

汽车行驶时，发动机转速和车速都存在一个经济区间，当发动机转速、车速过高或过低时，燃料经济性都会变差，燃料消耗量会增加。比如汽车在山区道路或低等级公路行驶时，车速普遍较低，燃料消耗量相对要高。

驾驶员经常采取的急加速、紧急制动操作，长时间低挡位行驶，长时间停车怠速，以及频繁变更车道等行为，不仅会影响行车的安全和乘员的舒适性，还会明显地增加车辆燃料消耗，甚至会增加33%的燃料消耗。

在低温条件下，发动机缸内润滑油的黏度变大，发动机起动受到的阻力增加，磨损加剧，此外，燃油不易蒸发雾化，燃烧不充分，导致燃料消耗增多。在高温天气条件下，为了增强车辆运行中的舒适度，往往开启空调，额外地增加了燃料消耗。

超载行驶对行车安全与燃料消耗都会产生影响，比如动力性下降、零部件磨损加剧、车轮定位参数变化、制动失灵、制动距离延长、轮胎爆裂、较高的燃料消耗。货车装载超高或超宽时，因货物突起部分改变了车身的固有形状，不仅使重心发生偏移，易发生侧翻或刮擦事故，而且还会因空气阻力徒增而增加燃料消耗。

2 车辆运行中的节能方法

驾驶员要注意交流、学习节能驾驶方法和经验，改善自身的驾驶习惯，采用预见性驾驶方法，保持车辆运行平稳，避免长时间低挡位行驶、长时间停车怠速运行、急加速、急减速和频繁变更车道等不良驾驶行为。

第二节 节能与环保驾驶方法

本节根据《汽车驾驶节能操作规范》（JT/T 807）的要求，介绍了汽车起步、行驶速度控制、转向操作、停车、货车装载等不同驾驶环节的节能驾驶操作规范。驾驶员掌握规范的驾驶操作方法，可以减少车辆运行燃料消耗，甚至可以达到减少30%的效果。

一 做好行车规划

在城市内道路驾车，驾驶员要提前规划好出行路线，尽量错开车流高峰时段，避开繁华街道、学校、医院、平交路口等交通拥堵路段。长途行车时，驾驶员要选择公路等级高及距离短的行车路线，备用行车路线，积极采用预见性驾驶。

二 汽车起步操作

1 低温条件下先预热再起动

在常温情况下，车辆无须专门预热即可起步。在大气温度或发动机温度低于5℃的低温条件下，起动发动机后在原地怠速运转20～60s，车辆进行适当预热后再起步。

道路运输车辆多装备有增压系统的柴油发动机，在发动机起动成功后，应先保持发动机怠速运转60s以上，使增压器轴承和旋转机件得到充分的润滑，在此期间不要使发动机高速空转。

对于电喷发动机而言，怠速预热过程的喷油量由发动机ECU自动控制，因此，起动过程中不需要踩加速踏板给发动机提供额外的燃油。

2 平稳起步

起步时，驾驶员应使用1挡（动力性好的客车或货车空载时也可使用2挡），轻踏加速踏板，缓抬离合器踏板，避免“大油门”，既保证车辆得到足够的起步驱动力，又获得较好的燃油经济性。

在气温较低时，汽车起步后，还应以20～40km/h的速度平稳行驶1～2km，使车辆底盘得到充分预热后再以正常速度行驶。在冬季严寒天气条件下，低速平稳行驶的距离应适当延长至3～4km。

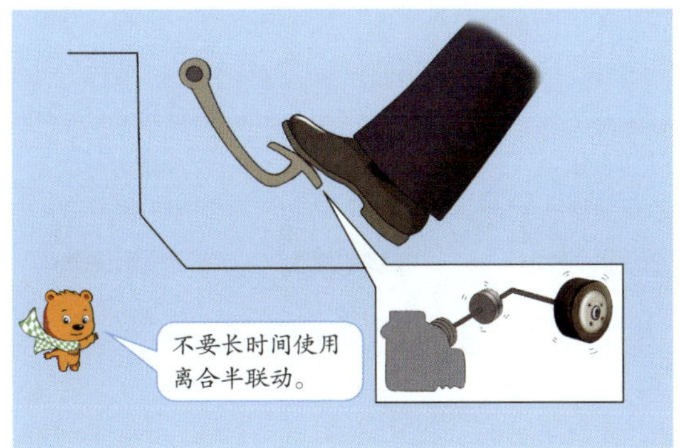

三 行驶速度控制

1 速度控制的基本原则

在交通流量不高的道路上行驶时，要根据道路条件、交通状况、车辆性能、车辆载重等情况控制好车速。在预定速度下，尽量选择高挡位，使发动机在经济转速区域内平稳行驶，并保持好加速踏板的位置，避免加速踏板位置来回变化。

遇到交通高峰时，尽可能做到“缓速行驶”，这样比反复的“停车、起步”更省油。加速或减速时，尽量采用柔和的驾驶方式，避免急减速、急加速和频繁变更车道、加塞。

保持适当的车距是安全、节能驾驶的基本前提，可以使驾驶员有更多的反应时间，使车辆更平稳的行驶。在普通公路上，跟车距离一般应大于汽车2～3s内驶过的距离；在高速公路上，跟车距离一般应大于汽车4s内驶过的距离。

2 换挡变速

汽车起步后，驾驶员要根据道路和交通条件及时加挡升速，尽可能用高挡行驶。行车中应遵循“高速挡不硬撑，低速挡不硬冲”的原则，当发动机有反拖感或发动机的转速低于经济转速区域（一般柴油发动机转速为1200～1500r/min，汽油发动机转速为2000～2500r/min）时，迅速降低挡位；而当踩加速踏板车辆加速不明显或发动机的转速高于经济转速区域时，及时增加挡位。

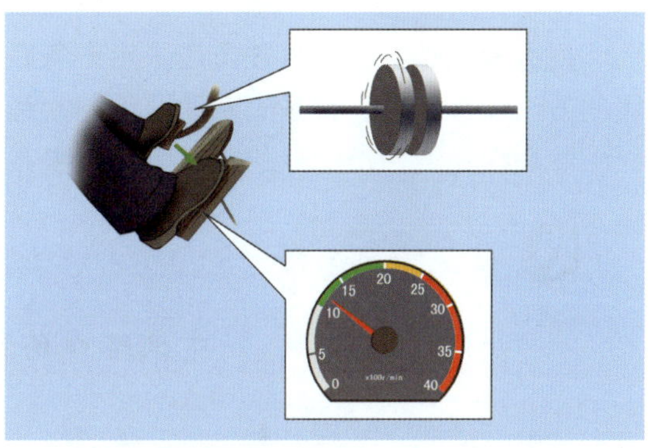

加挡、减挡操作力求及时、迅速、准确，避免挂错挡或挂挡不入；选择最佳时机换挡，保持发动机转速始终在绿色经济转速区域运转，且转速没有较大的波动。

柴油车上坡行驶，如果坡道不长、交通条件允许且用最高挡能够冲上坡顶的情况下，不应换入低挡。当坡道较长或坡度较大、最高挡不能爬过时，应在适当时机逐级减挡，使换入低挡后，以发动机转速在绿色经济转速区域运转，且转速没有较大的波动为宜。

3 加速和减速

在操作加速踏板时，驾驶员要做到“轻踏、缓抬”，避免猛踏、猛抬加速踏板和加“空油”。由于柴油车的加速敏感性较差，因此，驾驶柴油车时比汽油车要更强调缓踩加速踏板。

加速时，以发动机的声音增高较柔和、发动机转速平稳增加为宜。当发动机出现“闷”的吼声，说明加速过量，驾驶员应稍抬加速踏板。

需要主动减速或者停车时，如会车、避让障碍物、通过交叉路口、下坡、车辆进站、预定地点靠边停车等，驾驶员要判断距离、车速，提前松抬加速踏板，保持挡位，依靠发动机的阻滞力减速滑行，必要时用行车制动增加减速强度。

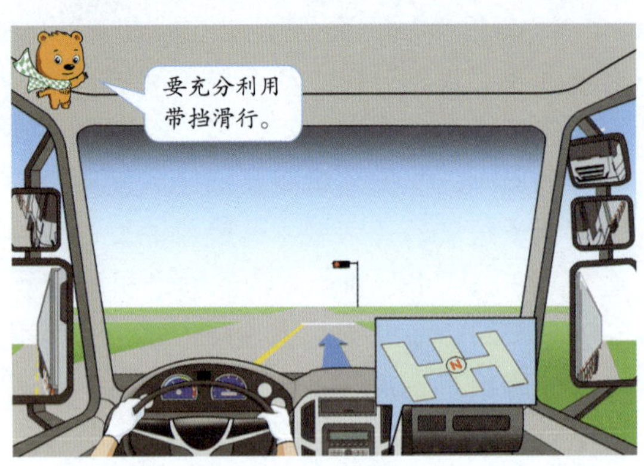

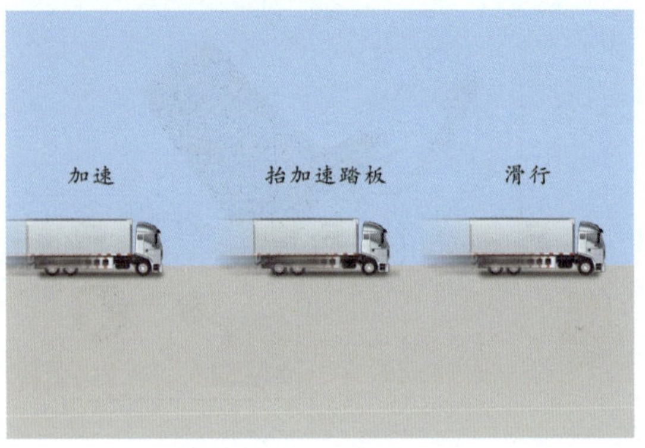

遇到紧急情况时，驾驶员应采用先急后缓的方法进行制动，就是先急速踩下制动踏板，然后根据发生情况点的距离慢慢调整制动踏板，调节制动力。待情况解除，换入合适的挡位后，再踩下加速踏板正常行驶。

交叉路口的预见性驾驶方法

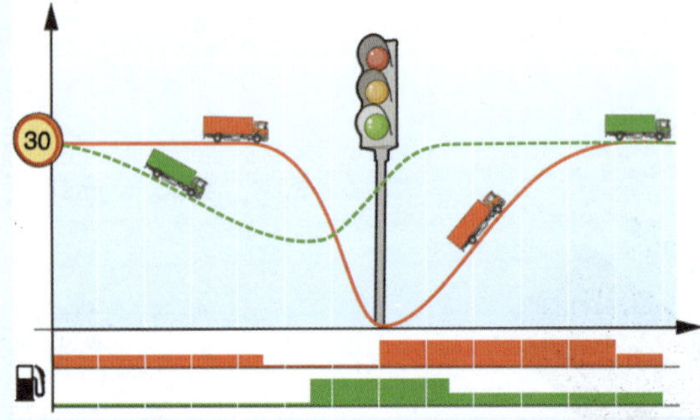

观察到交叉路口的红色信号灯亮起时，两名不同驾驶风格的驾驶员的操作方法如下：

驾驶员A（如图中的红色线）继续保持30km/h的速度行驶至路口，然后制动停车，待绿色信号灯亮起后，再从静止状态起步，并加速至30km/h。

驾驶员B（如图中的绿色线）抬起加速踏板，带挡滑行至路口，刚好遇到绿色信号灯亮起，于是加速至30km/h通过路口。

节能驾驶操作分析：驾驶员B提前松抬加速踏板，利用带挡滑行减速，通过路口时没有停车重新起步加速，且保持了较高的平均速度，这种驾驶行为比驾驶员A要节油。

四　转向操作

在汽车行驶过程中，驾驶员应尽量保持直线行驶，不频繁变更车道或来回转动转向盘。驾驶员操纵汽车转向时应平顺，提前50～150m开启转向灯，避免突然变向或急转弯操作。

变更车道时，驾驶员应在确认与前后左右的汽车处在安全距离的情况下，提前开启转向灯，再次确认安全后，平稳地转动转向盘以较大的行车轨迹缓加速驶向另一车道。

五　停车熄火

需要长时间停车时，驾驶员要及时关闭发动机，具体要求如下。

（1）装配非增压发动机的汽车在路口停车等待通过、上下乘客、装卸货物等需要停车超过60s时，应将发动机熄火。如果路口信号灯没有计时显示，排在偏后的车辆应将发动机熄火。

（2）完成高速行驶或爬长坡后，装配非增压发动机的汽车停车时应怠速运转30s以上再熄火，装配增压发动机的汽车停车时不应立即熄火，而应保持发动机怠速运转3min以上，待发动机充分冷却后再熄火。

停车时，驾驶员应注意以下事项：

（1）要准确判断车辆停放的位置，尽量做到一次停车到位，减少停车时的移车次数。

（2）避免在上坡、积水、结冰或松软的路段上停车。

（3）冬季中途停车时，尽量避免汽车发动机迎风停放。

六　货车装运

出车前，要检查并清除车厢内不必要的负重，减少燃油消耗。货车装载时，要严格按照货车核定的载质量进行装载，并对货物进行必要的捆绑和固定，覆盖严实，严禁超载和货物超高、超宽。

七　高温条件下行车

高温条件下，节能驾驶操作方法包括：

（1）行驶中，保持发动机冷却液在80~95℃的正常温度范围内。汽车长时间上坡或长时间高速行驶，致使发动机冷却液温度报警时，驾驶员应停车怠速或小负荷、低速行驶，使发动机冷却液温度慢慢降到正常区域。

（2）气温适宜的条件下，汽车以低于60km/h的速度行驶时，开窗通风相对更省油；当汽车以高于80km/h的速度行驶时，开启空调并保持车内温度为26℃，这样既能满足乘车的舒适性，又能节约燃料消耗。

第三节 液化天然气汽车与节能新技术使用常识

本节介绍了液化天然气汽车、常见节能技术的使用常识。近年来，随着社会对节能减排的日益广泛关注以及车辆技术的快速发展，具有节能、环保特点的天然气汽车和节能新技术在道路运输行业得到了广泛的应用。驾驶员了解相关地使用常识，有助于保障行车安全，获得较好的节能减排效果。

一 液化天然气汽车使用常识

液化天然气（以下简称LNG）的主要成分是甲烷，是气态天然气经净化处理后，在常压下气态天然气经深冷至-162℃，或经预冷与加压相结合的方式使其液化，而凝结成液体形式。

天然气发动机与传统的汽油发动机相似，都是通过高压点火燃烧做功，但燃料供给系统（也称为LNG发动机专用装置，包括燃料加注系统、车用储气瓶、汽化器、稳压器、滤清器、热交换器、节温器、喷射阀、混合器、电子节气门、自增压装置和液位计等部件）有很大的区别。LNG发动机是气瓶内的LNG液体在瓶内压力作用下从出液管路流向汽化器，经汽化器加热实现液态向气态转变，然后经稳压器稳压后流入燃气滤清器，再进入热交换器，最后通过喷射阀控制喷射入混合器中，与增压冷却后的空气混合，进入发动机汽缸内燃烧做功，给汽车提供动力。

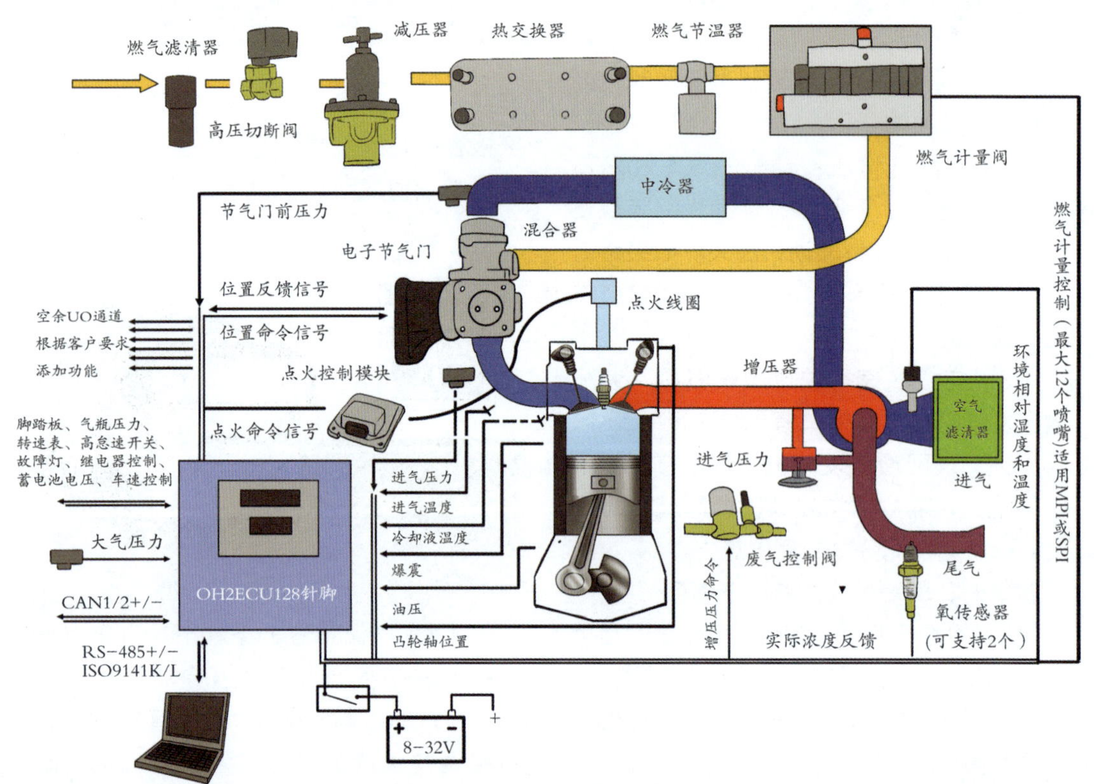

LNG汽车具有动力性良好、续驶里程长、可使用性好的优点，同时，也具有易蒸发、易泄漏、易燃和低温灼伤等缺点。驾驶员使用时需要注意防泄漏、防范明火，加注燃料时避免低温灼伤等。

1 燃料加注

驾驶员要尽量选择有燃料计量检定有效标识、气源质量好（甲烷含量高、氮气含量低等）的加液站进行燃料加注，并根据车辆使用情况合理安排燃料加注，避免加注燃料后长时间停放，造成燃料自然排空损耗。

在进行燃料加注时，驾驶员要注意以下事项：

（1）汽车进加液站前，引导车内乘员全部下车，在加液区外休息处等候。

（2）将汽车按指定方向进入加液区，缓慢进入加液位置后停车，拉紧驻车制动器操纵杆，发动机熄火，关闭电源开关，打开加液舱盖做好加液准备。

（3）加气前，驾驶员要配合加气人员检查加液口清洁、无水分和杂质，确认车用气瓶的接地线与加液站的接地线连接好，供气系统无异常情况。

（4）在加液中，不得超压加注，充装压力不得超过1.5MPa（MPa为压力单位）；单次充装时，要留有余量，气量不宜超过车用气瓶容积的90%。

（5）检查确认加液枪与加液口及回气枪与回气口完全脱开，加液舱盖已经盖好，才能起动车辆，驶离加液站。

2 汽车驾驶

在起动发动机前，先接通电源，检查燃气泄漏系统工作正常，检查各仪表指示正常，等待3～5s后再起动发动机，保证燃气管路内能够充满燃气。

起动发动机后，先怠速预热，检查燃气管路无结霜现象，检查机油压力和冷却液温度，冷却液温度达到40℃后再起步。起动发动机后，不要猛踩加速踏板。

确认燃气系统无泄漏，燃气压力和燃气量正常，空气压力过低报警灯已经熄灭，制动气压表气压至少达到0.55MPa，再进行车辆起步操作。

在行驶途中，驾驶员要观察机油压力、温度、气压等仪表是否正常，观察燃气压力和液位计量表的变化情况，注意有无异常的声音和异味，采取安全、文明的驾驶操作方法。

发动机熄火前应怠速2～3min再熄火，熄火前必须先关闭空调、灯光等用电设备，避免高速、大负荷运行状态下突然熄火。

3 车辆停放

临时停车时，驾驶员要选择通风良好、远离火源的非密闭区域。安全停车后，要关闭点火开关，切断电源。连续停车2h以上时，应关闭气瓶截止阀，有自增压装置的，还应关闭增压截止阀。

车辆停放期间，要有专人在车辆周边进行巡检，发现气体泄漏及时处置。

4 应急处置

车辆行驶中，如果发生轻微的天然气泄漏，应立即安全停车，关闭点火开关，开启应急灯；检查泄漏部位，并立即关闭气瓶手动截止阀；疏散人员，隔离现场，隔离火源。

小知识

LNG车辆专用装置检漏方法

LNG车辆专用装置的阀门、管路等连接处密封性的检查可以用肥皂液检漏。驾驶员先对阀门和管路的连接处喷洒肥皂液，然后观察其是否有气泡产生，观察时间宜不少于1min。

如发生碰撞事故，应立即安全停车，开启应急灯，检查气路是否受损；如受损，应关闭点火开关，切断电源，关闭气瓶手动截止阀，同时疏散人员，隔离现场，隔离火源。

5 车辆日常检查与维护

要根据车辆使用说明书和车辆使用情况合理制定车辆维护周期，按照要求进行LNG汽车的日常维护、一级维护和二级维护。驾驶员不得擅自改装燃气汽车系统，包括拆装燃气系统装置、车用气瓶，改变系统装置和车用气瓶的位置或方向，废弃加气口保护盖。

出车前，驾驶员除按传统汽柴油车辆的检查要求进行车辆检查外，还应检查以下项目：

（1）检查气瓶与支架、燃气管路与支架固定是否牢固，天然气气管接头是否漏气。

（2）检查传感器接头是否松动，线束是否有脱落靠近排气管，是否有磨蹭、拉拽。

（3）检查燃气管路是否有磨损、裂纹。

（4）检查各橡胶水管是否有老化、裂纹、压瘪。

（5）检查燃气表压力是否正常，LNG车辆燃气压力需高于0.7MPa。

（6）查看前一天车辆运行、维修、加液等相关记录，观察气压表和液位量显示，判断气瓶内的存液量是否满足运输任务要求。如发现气压表反映异常升至1.5MPa及以上时，应送修理厂进行维修。

收车后，驾驶员应注意以下事项：

（1）关闭点火开关，切断电源，查看并记录气表压力读数和液位量数值。

（2）检查LNG专用装置各部件工作状态正常，无松动、泄漏、损坏。

（3）检查气瓶及固定支架固定牢固、无损伤，静电释放带接地。

6 气耗管理

做好每日和月度车辆气耗记录，包括车辆基本信息、出车日期、停驶天数、单运次（月度）行驶里程和空驶里程、单运次（月度）运输量、日加气次数与每次加气量等信息，并定期分析加气站的气源质量、能耗定额的合理性等，加强车辆气耗管理。

二 发动机节能技术

为了提升车辆发动机的工作效率，减少尾气排放，废气涡轮增压、高压共轨、尾气处理等技术得到广泛应用。

1 废气涡轮增压技术

废气涡轮增压是指，通过涡轮回收部分发动机排气能量，驱动压缩机对发动机进气进行压缩，使小排量发动机获得更多的进气量，从而达到与较大排量自然吸气发动机相当的功率水平的技术。涡轮增压技术在保证发动机动力性的前提下，减小了发动机排量，大幅改善了发动机的经济性，降低了CO_2气体的排放。在具有相同功率的前提下，增压发动机的排气量可比自然吸气式发动机的排气量减小18%~35%，燃油经济性可提高10%左右。

增压器利用发动机排出的废气进行工作，其工作环境温度较高，因此，在使用涡轮增压发动机时，应注意以下事项，以保证涡轮增压系统的冷却和润滑。

（1）起动发动机时，应在原地保持发动机怠速运转1min以上，冬季气温较低时应适当延长怠速时间，使冷却液温度升高，润滑油流动性变好，从而使涡轮增压器得到充分润滑。

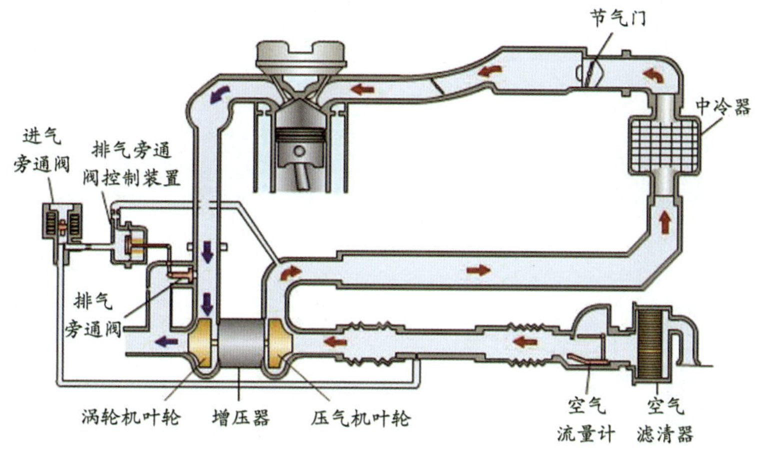

单涡轮增压系统示意图

（2）停车后应保持发动机怠速运转3min以上，待发动机充分冷却后再熄火。汽车长时间高速运转后，涡轮增压器处于高温状态，如果此时突然熄火，润滑会中断，涡轮增压器内部的热量无法被润滑油带走，会损坏涡轮增压器。

（3）选择抗磨性好、耐高温的润滑油，这样可以保证涡轮增压器在高温和高速环境下的有效润滑。

（4）保持空气滤清器、机油滤清器等的清洁，防止灰尘和杂质进入涡轮增压系统中造成磨损。

2 高压共轨技术

高压共轨技术是指，在高压油泵、压力等传感器、共轨管、喷油器和电控单元组成的闭环系统中，将喷射压力的产生和喷射过程彼此完全分开的一种供油方式，主要应用于柴油发动机。它是由高压油泵把高压燃油输送到公共供油管，通过对公共供油管内的油压实现精确控制，使高压油管压力大小与发动机的转速无关，可以大幅度减小柴油机供油压力随发动机转速的变化，从而克服传

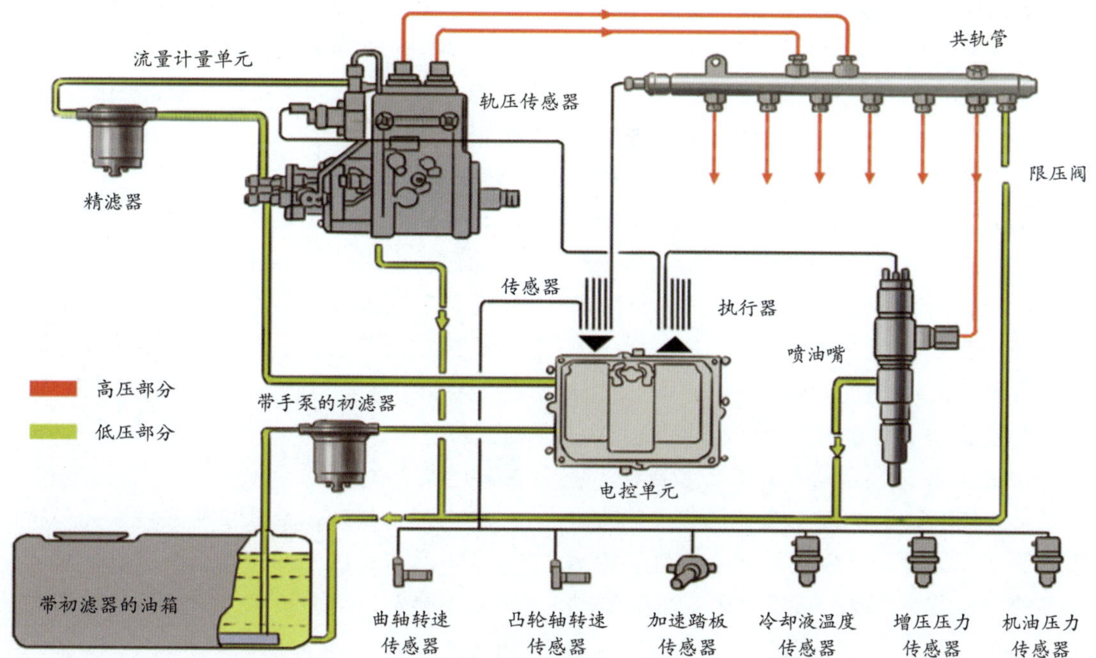

统柴油机的缺陷，提高柴油机的燃烧效率，降低尾气排放。相对传统柴油发动机，高压共轨发动机能够提高8%的燃烧效率，减少10%的CO_2排放量，降低15%的噪声。

为保证精确流量控制及高压喷射，高压共轨系统各组成部件的精度要求非常高，驾驶员在驾驶装配有高压共轨发动机的汽车时，应注意选用清洁度高的柴油，加装柴油滤清器，缩短油箱中油水分离器的更换周期。

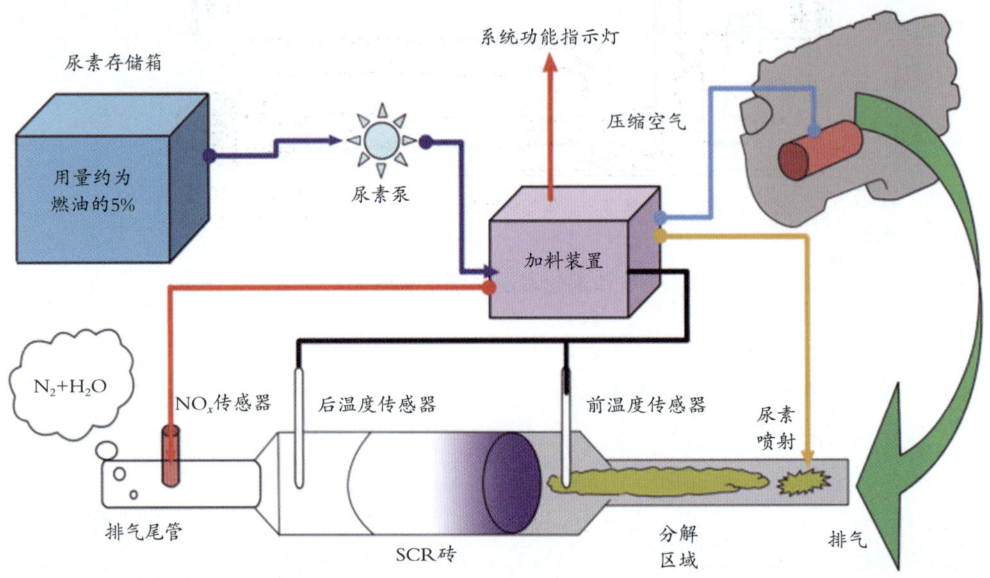

尾气后处理装置

3 尾气后处理技术

道路运输车辆主要装配柴油发动机，其主要排放污染物是微粒(PM)和氮氧化物(NO_x)。为了达到我国第四阶段汽车尾气排放标准，通常是采取尾气后处理的方式来降低污染物的排放量。

常用的尾气后处理技术是选择性催化还原技术（简称SCR技术），即在尾气净化系统的基础上，加装一套调节尾气处理液喷射量的喷射和控制系统（简称SCR系统）。SCR系统包括装载柴油机尾气处理液（国内俗称车用尿素，是SCR技术中必须要用到的消耗品）的尿素罐、SCR催化反应罐。

当监测到排气管中有氮氧化物(NO_x)时，SCR系统的尿素罐会自动喷出尿素水溶液，尿素水溶液和氮氧化物(NO_x)在SCR催化反应罐中发生氧化还原反应，生成无污染的氮气和水蒸气排出。采用尿素—SCR净化方案的发动机，可以节约5%～7%的燃油，降低50%以上的NO_x排放。

对于安装有SCR系统的车辆，驾驶员在操作过程中需要注意以下问题：

（1）在发动机熄火后，SCR系统的计量喷射装置还需要在供电状态下抽干喷射管道中的残液，以防尿素结晶堵塞。因此，熄火后仍应保持通电状态1分钟以上，再拔取车钥匙。

（2）虽然SCR系统的故障不会影响发动机的正常工作，但系统不正常工作或停止运行时，车辆排放将不能达标，因此，驾驶员应严格按照发动机生产企业的要求对系统进行维护。

三 其他节能技术

目前，除上述发动机节能技术外，被广泛使用的节能技术还包括车身轻量化技术、降低车辆空气阻力技术、驾驶行为监测与分析技术。

1 车身轻量化技术

车身轻量化就是在保证车身强度和安全的前提下，尽可能地降低汽车的质量，从而提高汽车的动力利用率，减少燃料消耗。汽车轻量化主要使用高强轻质的新型材料，采用先进的制造工艺，通过优化车身结构及零部件结构的轻量化设计，来实现轻量化，包括车门、门框、驾驶室整流罩、轮毂等部件的轻量化。

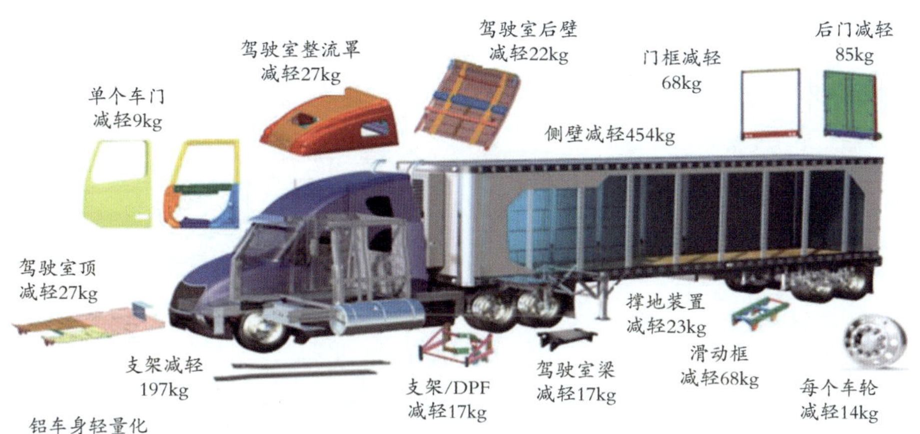

铝车身轻量化

2 降低车辆空气阻力技术

目前，随着道路条件的改善和车辆速度的提高，车辆空气动力学的研究逐渐受到汽车生产企业的关注，通过优化车身设计来降低空气阻力的技术不断发展，比如客车采用流线型设计，货车通过改进后视镜、驾驶室延伸、车顶整流罩、侧裙等部位的设计来降低空气阻力。

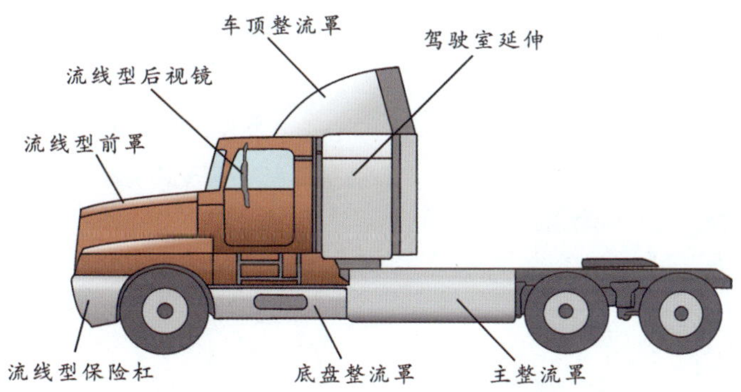

3 驾驶行为监测与分析技术

随着控制器局域网络（CAN）总线和车辆自动诊断（OBD）系统在汽车上的广泛应用，车辆生产企业纷纷推出了基于车载运行监控系统的驾驶行为实时监测和分析技术，并在道路运输车辆上得到快速应用和普及。驾驶行为监测与分析技术系统主要包括车载终端、通信模块、数据库和应用平台四个部分。

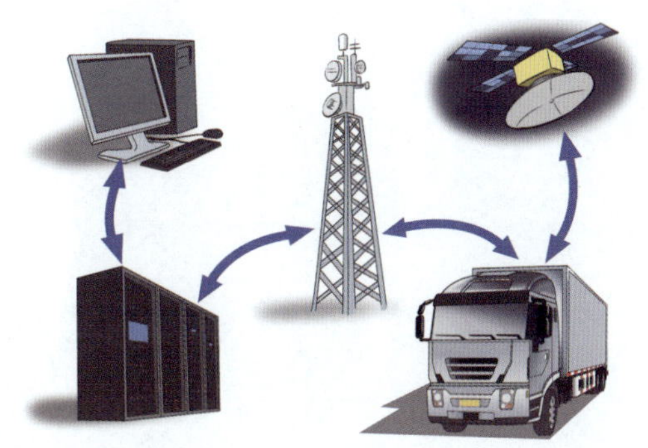

系统通过车载终端采集发动机运行数据、车辆状况信息、驾驶员的操控信息及GPS卫星定位信息等，并将这些信息实时传递到数据处理中心进行处理，形成以下管理功能:

（1）不良驾驶行为分析和管理。通过对车辆运行的轨迹、车速、方向等数据和状态实时监控，分析车辆危险和潜在危险操作，指导驾驶员规范驾驶。

（2）车辆燃料消耗分析和管理。通过采集车辆速度和挡位信息、瞬时油耗、累计油耗、发动机运行绿区比例、空调使用等车辆油耗和车辆运行状态信息，分析车辆运行过程中可能导致高油耗的驾驶操作方式，指导驾驶员节能驾驶。

第八章 典型重特大道路交通安全事故案例分析

本章介绍了超速行驶、疲劳驾驶、未按规定让行、违法超车等常见违法驾驶行为所引发的重特大道路交通安全事故的基本情况、事故原因及相关责任人所受到的处罚。驾驶员了解重特大道路交通安全事故案例的形成原因及其带来的严重危害，有利于自觉增强交通安全意识，杜绝违法驾驶行为。

事故案例一：超速行驶

——云南保山市隆阳区“3·18”重大道路交通事故

一 事故经过

2013年3月18日，驾驶员高某（持有准驾车型A1A2的有效驾驶证，持有有效的道路运输从业资格证）驾驶一辆大型客车（注册登记日期为2006年6月27日，检验有效期至2013年6月30日），从德宏州瑞丽市开往楚雄州南华县。16时18分左右，大型客车行驶到隆阳区境内杭瑞高速公路2689km+200m弯坡路段时，因车辆速度过快（限速60km/h，实际车速83km/h），加上雨后道路湿滑，车辆失控并与道路中央水泥隔离墩发生剐蹭后，向右急转撞断道路右侧防护栏，坠落95m深的山崖，造成15人死亡，14人受伤。

二 事故主要原因

本案例主要原因是大型客车驾驶员高某超速行驶。事故路段大型车辆限速60km/h，但高某驾驶大型客车以83km/h高速行驶，加上雨后道路湿滑，结果导致车辆失控，最终撞断路侧波形防护栏后坠落山崖。

相关法律规定

《道路交通安全法》第四十二条规定：机动车上道路行驶，不得超过限速标志标明的最高时速。在没有限速标志的路段，应当保持安全车速。

夜间行驶或者在容易发生危险的路段行驶，以及遇有沙尘、冰雹、雨、雪、雾、结冰等气象条件时，应当降低行驶速度。

三 事故法律责任

大型客车驾驶员高某对这起重大道路交通事故的发生负直接责任，涉嫌交通肇事罪，由于高某已在事故中死亡，免于追究其刑事责任。

肇事大型客车所属客运公司的董事长、总经理、副总经理、车队队长、安全技术科科长等6名责任人分别受到免职、罚款、行政警告等处分。

事故案例二：疲劳驾驶

——连霍高速甘肃瓜州段“8·26”重大道路交通事故

一 事故经过

2014年8月25日，驾驶员马某（持有准驾车型为A1A2的有效驾驶证，持有有效的道路运输从业资格证）驾驶一辆大型客车（注册登记日期为2012年7月，检验有效期至2015年7月；使用性质为公路客运），从新疆乌鲁木齐市米东区车站开往宁夏固原县。8月26日12时14分左右，车辆行驶到连霍高速公路甘肃省酒泉市瓜州县境内时，驾驶员过度疲劳驾驶，导致车辆失控，突然向左冲破道路中央隔离护栏，驶入对向车道，与对向行驶的货车相撞，造成15人死亡，35人受伤。

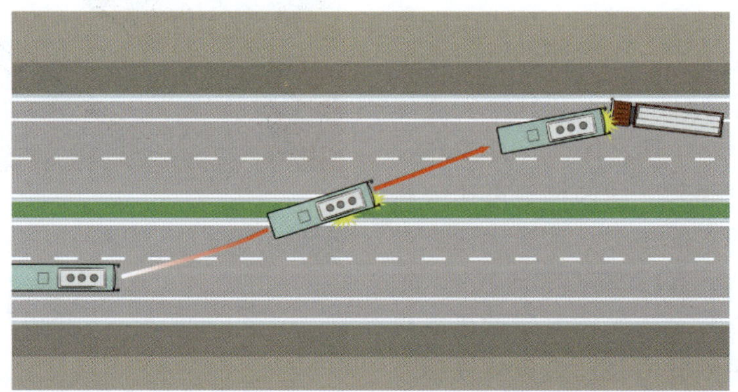

二 事故主要原因

本案例主要原因是大型客车驾驶员马某疲劳驾驶。据事后调查，马某从8月16日至26日驾驶客车往返新疆与宁夏5趟，行程达2万多km，长期高强度驾驶大型客车，睡眠严重不足，过度疲劳驾驶，导致车辆失控引发事故。

相关法律规定

《道路交通安全法》第二十二条第二款规定：饮酒、服用国家管制的精神药品或者麻醉药品，或者患有妨碍安全驾驶机动车的疾病，或者过度疲劳影响安全驾驶的，不得驾驶机动车。

《国务院关于加强道路交通安全工作的意见》规定：客运驾驶员24h累计驾驶时间不超过8h，日间连续驾驶不超过4h，夜间连续驾驶不超过2h，每次停车休息不少于20min。

三 事故法律责任

大型客车驾驶员马某对这起重大道路交通事故的发生负全部责任，涉嫌交通肇事罪，由于马某已在事故中死亡，免于追究其刑事责任。肇事大型客车实际经营人负直接管理责任，被移交司法机关处理，追究刑事责任。

肇事大型客车所属客运公司被罚款50万元，董事长、总经理、副总经理、安全技术部经理4位管理人员分别受到相应的经济处罚。

事故案例三：未按规定让行

——新疆塔城地区前高公路“11·10”重大道路交通事故

一 事故经过

2012年11月10日6时30分左右，驾驶员宋某（持有准驾车型为A1的有效驾驶证，初次领证日期为1995年7月，持有有效的从业资格证）驾驶一辆大型客车（注册登记日期为2011年12月，检验有效期至2012年12月；注册所有人为运输公司，使用性质为公路客运），乘载47人（核载35人），沿通营公路（四级公路，限速为20km/h）由南向北行驶，大型客车行驶至与前高公路的十字交叉路口处（该路口未设置交通信号灯，通营公路路口设有减速让行标志和十字交叉路口警示标志），与一辆由西向东行驶的中型客车侧面相撞，造成11人死亡、39人受伤。

二 事故主要原因

本案例主要原因是大型客车驾驶员宋某未按规定让行。大型客车行驶的通营公路限速20km/h，大型客车行驶至设有减速让行标志的路口时，驾驶员宋某没有采取减速让行措施，以86km/h的速度通过路口，结果与主路驶来的中型客车发生侧面碰撞。此外，大型客车超过核定载客人数，扩大了事故的严重程度。

小知识

相关法律规定

《道路交通安全法》第四十四条规定：机动车通过交叉路口，应当按照交通信号灯、交通标志、交通标线或者交通警察的指挥通过；通过没有交通信号灯、交通标志、交通标线或者交通警察指挥的交叉路口时，应当减速慢行，并让行人和优先通行的车辆先行。

《中华人民共和国道路交通安全法实施条例》第五十二条第一款规定：机动车通过没有交通信号灯控制也没有交通警察指挥的交叉路口，有交通标志、标线控制的，让优先通行的一方先行。

三 事故法律责任

大型客车驾驶员宋某对该起事故的发生负有直接责任，涉嫌交通肇事罪，由于宋某已在事故中死亡，免予追究其刑事责任。

肇事大型客车所属客运公司被罚款50万元，经理、安全技术副经理分别被罚款1.85万元与1.28万元，并给予行政警告处分。

事故案例四：违法超车

——四川泸州市古蔺县“2·1”重大道路交通事故

一 事故经过

2013年2月1日，驾驶员王某（持有准驾车型为A1A2的有效驾驶证，持有有效的道路运输从业资格证）驾驶一辆大型客车（注册登记日期为2013年1月，检验有效期至2014年1月，使用性质为公路客运），从古蔺县城开往古蔺县水口镇庙林村。16时58分左右，大型客车行驶到省道S309线古蔺县石宝镇境内，在长上坡、连续弯道路段强行超越一辆同向行驶的重型货车时，发现对向来车，向右猛打方向，与对向行驶的小客车发生剐擦后，冲出公路右侧土坎，翻坠于山崖下，造成11人死亡，18人受伤。

二 事故主要原因

本案例主要原因是大型客车驾驶员王某强行超车。王某在长上坡、连续转弯路段强行超越前方重型货车，发现对向来车时，躲避不及，发生剐蹭后猛打方向，导致大型客

车坠落山崖。

小知识

相关法律规定

《道路交通安全法》第四十三条第四款规定：有行经铁路道口、交叉路口、窄桥、弯道、陡坡、隧道、人行横道、市区交通流量大的路段等没有超车条件的情形，不得超车。

三 事故法律责任

大型客车驾驶员王某对这起重大道路交通事故的发生负直接责任，涉嫌犯罪，移交司法机关依法处理。

肇事大型客车所属客运公司被罚款100万元，经理负重要领导责任，受经济处罚和党纪严重警告处分；副经理和2名安全科工作人员分别对该事故的发生负主要管理责任和直接管理责任，涉嫌犯罪，移交司法机关依法处理；安全科科长负管理责任，受经济处罚。

事故案例五：违法占道行驶

——西藏林芝地区布江达县“8.·18”重大道路交通事故

一 事故经过

2014年8月18日10时50分左右，驾驶员都某（持有准驾车型为A1A2的有效驾驶证）驾驶一辆大型客车（注册登记日期为2011年5月，检验有效期至2015年5月，使用性质为旅游客运，经营范围为省际非定线旅游），由拉萨向林芝方向行驶。大型客车行驶至国道318线4414km+799m处时，车辆占用道路左侧行驶，与对向行驶的一辆自卸大货车发生剐蹭后，大型客车失控向左前方冲出35.3m后撞断4根安全警示桩翻坠入道路左侧的尼洋河中，造成12人死亡、4人失踪、7人受伤。

二 事故主要原因

本案例主要原因是驾驶员都某会车时违法占道行驶。都某驾驶车辆占用道路左侧行驶，与对向行驶的一辆自卸大货车发生剐蹭后，客车失控坠入河流。

此外，都某驾驶车辆超速行驶是导致事故发生的另一个主要原因。事故路段限速30km/h，而大型客车以61km/h的速度行驶，增加了会车时的车辆操控难度和行车风险。

相关法律规定

《道路交通安全法》第三十五条规定：机动车、非机动车实行右侧通行。

《道路交通安全法》第四十二条第一款规定：机动车上道路行驶，不得超过限速标志标明的最高时速。在没有限速标志的路段，应当保持安全车速。

三 事故法律责任

大型客车驾驶员都某对这起重大道路交通事故的发生负直接责任，涉嫌交通肇事罪，由于都某已在事故中死亡，免于追究其刑事责任。

事故案例六：驾驶与准驾车型不符的车辆上道路行驶

——粤赣高速广东河源段“12·13”重大道路交通事故

一 事故经过

2014年12月13日凌晨2时13分，驾驶员李某（持有准驾车型为B2的有效驾驶证，持有有效的道路运输从业资格证）驾驶一辆重型半挂汽车列车（注册登记日期为2014年10月，检验有效期至2015年10月，使用性质为普通货运），装载56.01t钢筋（核载34t），沿粤赣高速由南向北行驶至河源市和平县境内30km+300m下坡路段时，追尾碰撞并挤压前方的一辆小客车，并引发连环追尾碰撞。在碰撞挤压过程中，小客车的燃油箱脱落、供油管断裂汽油泄漏，被损坏的电线搭铁产生火花引发起火燃烧，并蔓延至其他车辆起火燃烧，造成12人死亡、3人受伤。

二 事故主要原因

本案例主要原因是重型半挂汽车列车驾驶员李某驾驶与准驾车型不符的机动车上道路行驶。李某持有准驾车型B2的驾驶证，驾驶要求准驾车型为A2的重型半挂汽车列车，缺乏相应的安全驾驶知识和驾驶技能，在夜间行经下坡路段时车速控制不当，车速达92.29km/h，导致连环追尾碰撞起火事故。此外，重型半挂汽车列车超载运输，增加了行车安全风险。

相关法律规定

《道路交通安全法》第十九条第四款规定：驾驶人应当按照驾驶证载明的准驾车型驾驶机动车；驾驶机动车时，应当随身携带机动车驾驶证。

三 事故法律责任

重型半挂汽车列车驾驶员李某对这起重

大道路交通事故的发生负直接责任，涉嫌交通肇事罪，由于李某已在事故中死亡，免于追究其刑事责任。

肇事重型半挂汽车列车所属货运企业的安全负责人、法定代表人涉嫌重大责任事故罪，被批准逮捕，追究刑事责任。

事故案例七：驾驶“带病”车辆上道路行驶

——陕西咸阳市淳化县“5·15”特大道路交通事故

一 事故经过

2015年5月15日15时左右，驾驶员王某（持有准驾车型为A1A2的有效驾驶证，持有有效的道路旅客运输从业资格证）驾驶一辆大型客车（注册登记日期为2003年11月，检验有效期至2015年11月；该车无道路客运资质，事发时为非法营运），由咸阳市淳化县仲山森林公园出发驶往西安，15时27分大型客车行驶至淳卜路1km+450m下坡左转弯处时，因制动力不足、车速过快，车辆失控由道路右侧冲出路面，越过路外侧绿化台并向右侧翻滑下落差32m的山崖，车头右前侧撞击地面，头下尾上、右侧车身后部斜靠在崖壁上，造成35人死亡、11人受伤。

二 事故主要原因

本案例主要原因是驾驶员王某驾驶制动系统技术状况严重不良的大型客车上道路行驶。事故调查发现，大型客车制动系统技术状况不符合标准要求，行经下陡坡、连续急弯路段时，因制动力不足造成车速过快，行至发生事故的急弯路段时达到59km/h，在离心力作用下出现侧滑，失控冲出路面翻坠至崖下。

小知识

相关法律规定

《道路交通安全法》第二十一条规定：驾驶人驾驶机动车上道路行驶前，应当对机动车的安全技术性能进行认真检查；不得驾驶安全设施不全或者机件不符合技术标准等具有安全隐患的机动车。

三 事故法律责任

大型客车驾驶员王某对这起重大道路交通事故的发生负直接责任，涉嫌重大责任事故罪，被批准逮捕，移交司法机关依法处理。

大型客车注册登记所有人梁某、前实际所有人袁某涉嫌重大责任事故罪，被刑事拘留。大型客车现实际所有人师某涉嫌重大责任事故罪，被批准逮捕，移交司法机关依法处理。与大型客车前实际所有人袁某私自进行车辆买卖交易的协议签订人师某，涉嫌重大责任事故罪，被取保候审。为大型客车办理机动车检验业务的车托，因涉嫌过失致人死亡罪，被批准逮捕，移交司法机关依法处理。

事故案例八：非法改装车辆

——江西抚州市南丰县“7·23”重大道路交通事故

一 事故经过

2013年7月23日20时35分，驾驶员梅某（持有准驾车型为A2的有效驾驶证，持有有效的道路运输从业资格证）驾驶一辆重型半挂汽车列车（注册登记日期为2007年10月，检验有效期至2013年10月，使用性质为普通货运），搭载27人及29.84t黄花梨木，沿南建公路由福建省建宁县溪口镇返回江西省南丰县，行至江西省境内南建公路209省道33km+190m处下坡右转弯路段时，车辆失控向左侧翻后，车头冲至左侧路外土堆，造成16人死亡、10人受伤。

二 事故主要原因

本案例主要原因是驾驶员梅某驾驶经非法改装、制动性能不符合标准要求的汽车列车上道路行驶。经事故鉴定，重型半挂牵引车第一轴被改装，两侧前轮无制动装置，右侧第二、三轴半轴油封漏油，制动毂及制动摩擦片工作面沾满油污；重型厢式半挂车左侧第四轴制动摩擦片部分破裂（陈旧性）缺失，左侧第六轴制动毂陈旧性破裂，两车制动性能技术条件不符合标准要求。车辆途经事发长下坡右转弯路段时，驾驶员梅某感觉到车速加快且制动失效，行驶至事发地点时车辆发生侧翻，造成重大人员伤亡事故。此外，重型半挂汽车列车违法载人、人货混装，加重了事故的伤害程度。

小知识

相关法律规定

《道路交通安全法》第十六条第一款规定：任何单位或者个人不得拼装机动车或者擅自改变机动车已登记的结构、构造或者特征。

《道路交通安全法》第二十一条规定：驾驶人驾驶机动车上道路行驶前，应当对机动车的安全技术性能进行认真检查；不得驾驶安全设施不全或者机件不符合技术标准等具有安全隐患的机动车。

《道路交通安全法》第五十条第一款规定：禁止货运机动车载客。

《中华人民共和国道路交通安全法实施条例》第五十五条第二款规定：载货汽车车厢不得载客。在城市道路上，货运机动车在留有安全位置的情况下，车厢内可以附载临时作业人员1人至5人；载物高度超过车厢栏板时，货物上不得载人。

三 事故法律责任

重型半挂汽车列车驾驶员梅某对这起重大道路交通事故的发生负直接责任，涉嫌交

通肇事罪，被移交司法机关依法追究其刑事责任。

重型半挂汽车列车所属货运企业被处50万元罚款，并暂扣其道路运输经营许可证；企业的年检工作人员、客车检测公司法定代表人、董事长、总经理和检测技术负责人等人员对事故负重要责任，涉嫌犯罪，被移交司法机关依法追究其刑事责任。

事故车辆涉及的汽车修理厂被吊销道路运输经营许可证，涉及的汽车安全技术性能检测机构被处予所收检验费用五倍的罚款，并吊销机动车安全技术检验机构资格许可证。

事故案例九：违规运输危险品

——沪昆高速湖南邵阳段“7·19”特大道路交通事故

一 事故经过

2014年7月19日凌晨2时57分左右，驾驶员刘某（持有准驾车型为B2的有效驾驶证，具有普通货运驾驶员从业资格）驾驶轻型仓栅式货车（注册登记日期为2013年3月，检验有效期至2015年3月，经营范围为普通货运），运载6.52t乙醇（核载1.58t），由湖南省长沙县运往武冈市，车辆沿沪昆高速公路自东向西行驶到湖南省邵阳市境内1309km+33m处，与前方停车排队等候通行的大型客车发生追尾碰撞，使轻型仓栅式货车载运的乙醇泄漏燃烧，引燃多辆汽车，造成54人死亡、6人受伤，公路设施受损。

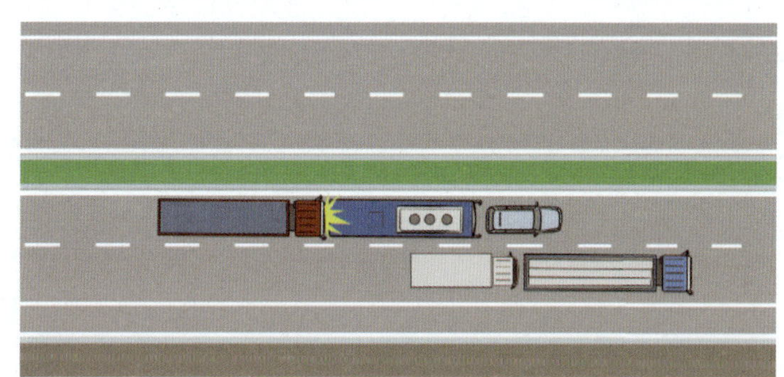

二 事故主要原因

本案例的主要原因是轻型仓栅式货车未经许可，非法运载危险品。刘某未取得道路危险货物运输从业资格证，缺乏危险货物运输常识和应急处置能力，所驾驶的轻型仓栅式货车不具备危险货物运输条件，非法运载乙醇，导致车辆追尾碰撞事故的发生。此外，超载运输加重了事故的危害。

相关法律规定

《中华人民共和国道路运输条例》第二十四条规定：从事危险货物运输的，应具备经检测合格的危险货物运输专用车辆、设备和经所在地设区的市级人民政府交通主管部门考试合格，取得上岗资格证的驾驶人员、装卸管理人员、押运人员。

《危险化学品安全管理条例》第四十三条第一款规定：从事危险化学品道路运输、水路运输的，应当分别依照有关道路运输、水路运输的法律、行政法规的规定，取得危险货物道路运输许可、危险货物水路运输许可，并向工商行政管理部门办理登记手续。

《危险化学品安全管理条例》第四十四条第一款规定：危险化学品道路运输企业、水路运输企业的驾驶人员、船员、装卸管理人员、押运人员、申报人员、集装箱装箱现场检查员应当经交通运输主管部门考核合格，取得从业资格。具体办法由国务院交通运输主管部门制定。

《道路危险货物运输管理规定》第八条第三款规定：从事道路危险货物运输的驾驶人员、装卸管理人员、押运人员应当经所在地设区的市级人民政府交通运输主管部门考试合格，并取得相应的从业资格证。

《道路危险货物运输管理规定》第二十三条第一款规定：禁止使用报废的、擅自改装的、检测不合格的、车辆技术等级达不到一级的和其他不符合国家规定的车辆从事道路危险货物运输。

三 事故法律责任

轻型仓栅式货车驾驶员刘某、押运员张某在事故中死亡，免予追究刑事责任。轻型仓栅式货车实际车主张某、涉事化工品公司法定代表人、装卸人员等35人被依法逮捕，追究刑事责任。

事故所涉及的化工品公司、客运公司、汽车检测公司等企业及其有关责任人受相应的行政处罚。